I0066717

EL PLAN DE MARKETING DE 1-PÁGINA

CONSIGUE NUEVOS CLIENTES, GANA MÁS DINERO, Y DESTACA ENTRE LA MULTITUD

ALLAN DIB

Copyright © 2018 por Lean Marketing

Todos los derechos reservados. No se puede reproducir,
copiar ni guardar o transmitir ninguna parte de este libro de ninguna
manera, sin el permiso escrito de la editorial, excepto en el caso
de citaciones breves, dentro de reseñas o artículos.

ISBN 978-1-7333012-0-6 (papel)
ISBN 978-1-7333012-1-3 (ebook)

Producido por Page Two
Impreso y Bordado en Canadá
Distribuido en Canadá por Raincoast Books
Distribuido en los Estados Unidos e
Internacionalmente por Macmillan

1pmp.com

Contenido

Agradecimientos

*"Si he logrado ver más lejos, ha sido
porque he subido a hombros de gigantes."*
ISAAC NEWTON

OJALÁ PUDIERA DECIR que todas las ideas de este libro son mis invenciones y que soy alguna especie de genio del marketing y de los negocios. La verdad es que, aunque sí colecciono ideas elegantes, casi nunca invento, y cuando lo hago, no merece la pena escribirlo.

Uno de mis mentores en el mundo de los negocios, Mal Emery, solía decir, "Nunca en mi vida he tenido una idea original - es demasiado peligroso." Aunque Emery fue, y sigue siendo, un hombre de negocios y marketing extremadamente exitoso, el secreto de su éxito y, posteriormente, el mío, era imitar cosas que ya se sabía que funcionaban, en vez de intentar reinventar el modelo ya existente.

Reinventar el modelo requiere que seas un genio, y aun así, implica una alta probabilidad de fracaso. No soy ningún genio y odio fracasar, así que prefiero imitar las cosas que hicieron que otros fueran exitosos - al menos hasta que tengo cierto control de las cosas básicas. Esto pone la suerte a mi favor y me da una alta probabilidad de éxito.

Aunque yo hice el sistema que se ha llegado a conocer como el Plan de Marketing de Una Sola Página (Plan de Marketing de 1-página), muchos de los conceptos de marketing de respuesta directa que lo hacen funcionar son las invenciones e ideas de otros grandes líderes de negocios y marketing.

Quizás esto es un auto halago, pero el aforismo "Los buenos artistas copian; los grandes artistas roban," repetido por Steve Jobs y atribuido a Pablo Picasso, es, sin duda, una filosofía que me ha acompañado mientras recogía estas elegantes ideas durante años y escribía este libro. Independientemente de si me consideras un "gran artista" o un ladrón, quiero que te beneficies del tesoro de estas ideas demostradas para mejorar tu negocio que comparto contigo a continuación.

Por supuesto, hay lugar para la creatividad y la invención, pero, en mi opinión, esto debería de venir después de que hayas aprendido lo básico. Este libro contiene muchos de esos conceptos básicos. Algunos son resultado de mis propias experiencias, sin embargo muchos vienen de personas que han sido "gigantes" en mi vida empresarial y en cuyos hombros me he apoyado. En ningún orden en particular, me gustaría agradecer a:

Mal Emery
Dean Jackson
Joe Polish
Pete Godfrey
Dan Kennedy
James Schramko
Jim Rohn
Frank Kern
Seth Godin

Algunos han sido mis mentores personales, mientras que otros han sido mentores a través de publicaciones y otros trabajos que han realizado. Intento darles crédito cuando, hasta donde yo sé, una de las ideas que estoy presentando ha venido de uno de ellos. Sin embargo, estoy seguro de que he omitido personas o no he mencionado suficientes ideas de las personas que he mencionado arriba. Cuando recolectas ideas durante muchos años, a veces cuando intentas recordar de dónde vienen, los detalles se vuelven borrosos. Pido disculpas anticipadamente por esto.

El Plan de Marketing de Una Página es un logro de la implementación y no una nueva innovación o concepto de marketing. Es, sin duda, la forma más fácil para que una pequeña empresa empiece sin saber nada sobre marketing y llegue a crear e implementar un plan de marketing de respuesta directa sofisticada para su empresa. El plan está literalmente concentrado en una sola página.

Espero que disfrutes las ideas que este libro contiene y, lo más importante, que puedas implementarlas en tu empresa. Recuerda, saber y no hacer es lo mismo que no saber.

IMPORTANTE:

Este libro está diseñado para ser interactivo. Por esta razón, encontrarás carteles a lo largo del libro que te llevarán a una sección especial de recursos de la página web de El Plan de Marketing de 1-página.

Estos recursos están exclusivamente disponibles para los lectores de este libro y están diseñados para ir con él de la mano. Incluyen la plantilla y ejemplos del Plan de Marketing de 1-página, al igual que enlaces, videos y artículos mencionados en este libro.

Accede a estos recursos en 1pmp.com

Introducción

¿De qué se trata este libro?

SI TUVIERA QUE resumir la esencia de este libro en una sola frase, sería **"el camino más rápido hacia el dinero."** Quería comenzar intencionadamente este libro con esta frase porque no quiero hacer que pierdas tu tiempo.

Sé con certeza que esta frase será poco atractiva para una gran cantidad de personas y, sinceramente, preferiría que esas personas leyesen los libros de otros, libros de negocios repletos de clichés bonitos como "sigue lo que te apasiona," "trabaja duro," "contrata a las personas adecuadas," bla, bla, bla.

Si eso es lo que quieres, busca en Amazon. Habrá una infinidad de libros de negocios para ti llenos de estos conceptos poco realistas y muchos más por el estilo, casi todos escritos por autores e investigadores profesionales que nunca han creado un negocio de éxito.

Este libro pretende, abierta y evidentemente, ayudarte a que expandas tu negocio de manera rápida y que puedas ver los frutos de tu éxito.

Quedarse Sin Oxigeno Fastidia Mucho

Como dijo una vez Zig Ziglar, "El dinero no es todo... pero en el ranking de las cosas, está al nivel del oxígeno."

Es decir, nada—NADA—mata un negocio tan rápido como la falta de "oxígeno" (o sea, el dinero).

¿Por qué estoy tan abiertamente centrado en conseguir dinero? Hay algunas buenas razones.

Primero, casi todos los problemas empresariales se pueden arreglar con dinero. Eso está bien porque casi todos los negocios que conozco están llenos de problemas. El dinero te ayuda a solucionar la mayoría de las cosas que convierten a un negocio en un dolor de muelas.

Segundo, una vez que te hayas cuidado a ti mismo, tienes la oportunidad de ayudar a los demás.

Si no creaste tu negocio para hacer dinero, o estás mintiendo o para ti es un pasatiempo, no un negocio. Y sí, sé mucho sobre crear calidad, cambiar el mundo y todo eso, ¿pero cuánto de eso puedes hacer si no tienes dinero? ¿A cuántas personas puedes ayudar? Cuando te montas en un avión y te hablan de los procedimientos de seguridad, llegará un momento en el que el asistente de vuelo dirá algo parecido a esto:

> *Si la cabina se ve afectada por una bajada de presión, la máscara de oxígeno caerá por encima de tu cabeza. Coloca la máscara sobre tu boca y nariz y tira de las cuerdas para ajustarla. Si viajas con niños o con alguien que requiere asistencia, **asegúrate de colocarte tu mascara antes de ayudar a los demás pasajeros.***

¿Por qué tienes que colocar tú mascara antes de ayudar a los demás? Porque si estás sentado en tu asiento sufriendo por la falta de oxígeno:

1. No puedes ayudar a nadie más, o peor;
2. Ahora tendrás que usar otros recursos para ayudarte, si no, morirás pronto.

Saber Qué Hacer

En su obra titulada, *El Libro de la Supervivencia*, Anthony Greenbank escribió:

Para sobrevivir a una situación imposible, no necesitas tener los reflejos de un conductor de carreras, los músculos de Hércules, o la mente de Einstein. Simplemente, necesitas saber qué hacer.

Las estadísticas del porcentaje de las empresas que quiebran durante los primeros cinco años varían. Algunas estimaciones lo ponen en un altísimo 90%. Sin embargo, yo nunca he visto esta estadística por debajo del 50%. Eso significa que, si somos súper optimistas, tienes una probabilidad del 50/50 de mantener tu negocio abierto después de cinco años.

Sin embargo, aquí es donde todo empeora. Estas estadísticas solo toman en cuenta aquellas empresas que quiebran por completo. No toman en cuenta las empresas que se quedan en un nivel muy bajo y que matan lentamente o hacen que las vidas de los dueños sean miserables.

¿Te has preguntado alguna vez por qué la mayoría de pequeños negocios se quedan en un nivel mediocre?

Por un lado está Pedro el fontanero, quien trabaja jornadas de 16 horas, los fines de semana y nunca disfruta de vacaciones, y que solo gana lo suficiente para llegar a fin de mes. Por otro lado, está José, que dirige una empresa de fontanería con 20 fontaneros trabajando para él. Su actividad principal de negocio parece ser contar las enormes cantidades de dinero que ingresan a su negocio.

Es muy común que las pequeñas empresas nunca crezcan más allá del punto en el que generan los suficientes beneficios para que el dueño pueda tener una vida modesta. Parece ser que, por mucho que lo intente el dueño, sus esfuerzos para llegar al siguiente nivel sólo generan frustración. En este punto, ocurre una de dos cosas. O se desanima o acepta su destino—que su negocio no es nada más que un negocio auto-creado y mal pagado.

De hecho, la realidad es que muchos dueños de negocios estarían mejor buscando un empleo en su sector. Seguramente trabajarían menos horas, tendrían menos estrés, disfrutarían de más beneficios y tendrían más tiempo de vacaciones que en la prisión que han creado para ellos mismos. Por otro lado, hay algunos dueños de negocios que parecen tenerlo todo. Trabajan una cantidad razonable de horas, tienen un movimiento fantástico de efectivo y disfrutan de un crecimiento continuo de su negocio.

Muchos dueños de negocios en apuros culpan a su sector. Es cierto que hay ciertos sectores en declive. Si estás en una de estas industrias en extinción, puede que sea hora de cortar y empezar algo nuevo en vez de torturarte económicamente.

Eso puede resultar particularmente difícil si has estado en este sector mucho tiempo.

Sin embargo, en general, cuando la gente culpa a su sector, no es más que por culpar a algo. Algunas de las quejas de sector más comunes que oigo son:

- Hay demasiada competencia.
- Los márgenes de beneficio son demasiado bajos.
- Las empresas online se están llevando a los clientes.
- Hacer publicidad ya no funciona.

Sin embargo, rara vez el sector tiene la culpa; dado que hay otras empresas en ese mismo sector que van muy bien. Así que, la pregunta obvia es, ¿qué están haciendo diferente?

Muchos dueños de pequeñas empresas caen en la trampa descrita en el libro clásico de Michael Gerber, El Mito del Emprendedor. Eso es, son técnicos, por ejemplo, fontaneros, peluqueros, dentistas, etc., y son buenos en lo que hacen. Tienen lo que Gerber describe como un "ataque empresarial" y empiezan a pensar, "¿Por qué debería trabajar para este jefe idiota? Soy bueno en mi trabajo—fundaré mi propia empresa."

Este es UNO de los mayores errores cometidos por muchos dueños de pequeñas empresas. ¡Pasan de trabajar para un jefe idiota a **convertirse** en un jefe idiota! Aquí está el punto clave—sólo porque eres bueno en la parte técnica de tu trabajo, no significa que seas bueno en la parte **empresarial** de lo que haces.

Volviendo a nuestro ejemplo, un buen fontanero no es necesariamente la mejor persona para dirigir una empresa de fontanería. Esta es una distinción altamente importante para tener en cuenta y es la razón clave del fracaso de muchas pequeñas empresas. El dueño de la empresa puede tener excelentes aptitudes técnicas, pero es su falta de aptitudes empresariales los que hacen que su negocio fracase.

Esto no pretende disuadir a las personas de empezar su propio negocio. Sin embargo, tienes que conseguir ser bueno en la parte empresarial de tu trabajo. Un negocio puede ser un vehículo genial para conseguir libertad financiera y realización personal—pero solo para aquellos que entienden y aprenden esta distinción vital y averiguan lo que necesitan hacer para dirigir un negocio exitoso.

Si eres bueno en el lado técnico de tu trabajo pero sientes que podrías necesitar un poco de ayuda en el lado empresarial, estás en el sitio adecuado en el momento adecuado. El objetivo de este libro es llevarte de la confusión a la claridad—para que sepas con exactitud lo que tienes que hacer para tener éxito en tu negocio.

Los Profesionales Tienen Planes

De niño, mi serie de televisión favorita era *El Equipo A*. Si acaso nunca lo viste, te hago un resumen del 99% de los episodios:

1. Los malos acosan y amenazan a personas o grupos inocentes.
2. Las personas o grupos inocentes suplican al Equipo A que les ayuden.
3. El Equipo A (un grupo diverso de ex-soldados) luchan, humillan y echan a los malos.

Los episodios acababan siempre con Hannibal (el cerebro del Equipo A) mordiendo su puro y murmurando victoriosamente, "Me encanta que los planes salgan bien."

Observa cualquier profesión dónde la inversión es alta y verás que sigue un plan muy bien pensado. **Los profesionales nunca improvisan.**

- Los médicos siguen un plan de tratamiento.
- Los pilotos siguen un plan de vuelo.
- Los soldados siguen un plan de operación militar.

¿Cómo te sentirías usando los servicios de cualquiera de las profesiones mencionadas arriba si el profesional te dijera, "A la mierda con el plan, improvisaré"? Pues esto es exactamente lo que hacen muchos dueños de negocios.

Invariablemente, cuando alguien hace algo mal, suele ser porque no tenía un plan de antemano. No dejes que esto te pase a ti y a tu negocio. Mientras que nadie pueda garantizar tu éxito, tener un plan incrementa drásticamente tus probabilidades de éxito. Igual que no subirías a un avión dónde el piloto no tuviera un plan de vuelo, no quieres que tú ni tu familia dependa de un negocio en donde no te has molestado en crear un plan de negocio. A veces, la apuesta es igual de grande. Matrimonios, socios, empleos, y mucho más, suelen ser los que sufren en negocios fracasados.

Es más que tu ego lo que está en juego, así que ya es hora de convertirte en un "pro" y crear un plan.

El Tipo de Plan Equivocado

A principios de mi primer negocio, fui lo suficientemente listo para saber que un plan empresarial iba a ser importante para mi éxito. Por desgracia, hasta ahí llegó mi sabiduría.

Con la ayuda de un consultor empresarial (que nunca había tenido una empresa de éxito), acabé miles de dólares más pobre, pero tenía un documento con el que muchos dueños de negocios no contaban— un plan de negocio.

Mi plan de negocio tenía cientos de páginas. Tenía gráficos, tablas, predicciones y mucho, mucho más. Era un documento impresionante pero, esencialmente, era un montón de basura.

Una vez escrito, lo guardé en el cajón de mi escritorio y no lo volví a ver hasta el día que nos cambiamos de oficina y tuve que vaciar mi escritorio.

Lo limpié, lo mire un poco por dentro y lo tire a la basura, enfadado conmigo mismo por el dinero que había gastado en ese consultor farsante. Sin embargo, más tarde, cuando lo pensé más detenidamente, me di cuenta de que, mientras el documento en si no era más que basura, el proceso por el que pasé con el consultor fue valioso para aclarar algunos de los puntos clave de mi empresa, en particular, una sección clave que se llamaba "el plan de marketing."

De hecho, mucho de lo que habíamos hecho para crear el plan de marketing moldeó la empresa y creó mucho de nuestro éxito futuro.

Hablaré de eso más adelante, pero ahora, permíteme presentarte a un hombre y su concepto que será clave para el éxito de tu negocio.

Mi Amigo Vilfredo Pareto y la Regla 80/20

Nunca tuve el privilegio de conocer a Vilfredo Pareto, mayormente porque murió medio siglo antes de que yo naciera, pero estoy seguro que hubiéramos sido muy buenos amigos.

Pareto era un economista italiano que se dio cuenta de que el 80% de la tierra de Italia pertenecía al 20% de la población. Y así nació el Principio Pareto, comúnmente conocido como la regla 80⁄20.

Resulta que la regla 80⁄20 se aplica a mucho más que sólo la posesión de tierras en Italia. Se puede aplicar a casi todo lo que te puedes imaginar. Algunos ejemplos son:

- 80% de los beneficios de una empresa vienen del 20% de sus clientes.
- 80% de accidentes de tráfico son causados por el 20% de los conductores.
- 80% del uso de software es por el 20% de los usuarios.
- 80% de las quejas de una empresa vienen del 20% de sus clientes.
- 80% de las riquezas pertenecen al 20% de la población.
- Woody Allen también dijo que el 80% del éxito consiste en acudir al trabajo.

En otras palabras, **el Principio Pareto predice que el 80% de los efectos vienen del 20% de las causas.**

Quizás es mi vagancia la que habla por mí, pero esto me emociona mucho.

Suelen decir que la necesidad es la madre de la innovación, pero yo creo que es la vagancia, y mi amigo Vilfredo es mi mentor en esa idea.

Así que, básicamente, puedes dejar de hacer el 80% de lo que estás haciendo, sentarte en el sofá a comer nachos y seguirás logrando los mejores resultados.

Si no quieres sentarte en el sofá a comer nachos el 80% de tu tiempo, hacer más del 20% es tu camino rápido hacia el éxito. Y en este contexto, el éxito = más dinero mientras trabajas menos.

La Regla 64/4

Si piensas que la regla 80⁄20 es emocionante, espera a conocer la regla 64⁄4. Verás, podemos aplicar la regla 80⁄20 a la propia regla. Así que, sacamos el 80% de 80 y el 20% de 20 y acabamos con la regla 64⁄4.

Así **el 64% de los efectos vienen del 4% de las causas.**

Dicho de otra manera, la mayoría de tu éxito viene del 4% de tus acciones. O, dicho de otra nueva manera, **el 96% de las cosas que haces es una pérdida de tiempo** (en comparación).

Lo más sorprendente es que la regla 80/20 y la regla 64/4 se mantienen de un modo increíblemente preciso. Si miras las estadísticas de la distribución de la riqueza del último siglo, verás que el 4% de la población posee alrededor del 64% de la riqueza, y que el 20% posee alrededor del 80% de la riqueza. Es así, a pesar de estar viviendo en la "era de la información." Imaginarías que hace cien años, solo los ricos tenían buen acceso a la información, por lo que es comprensible que ellos tuvieran el 80% de las riquezas.

Sin embargo, esta estadística de la distribución de riquezas se mantiene hoy día, en una era donde la información ha sido democratizada y donde incluso las personas más pobres tienen casi el mismo acceso a la información que las personas más ricas.

Esto demuestra que no es la falta de información la que retiene al 80% restante de los dueños de negocios—es comportamiento humano y mentalidad. Eso sí que no ha cambiado en los últimos cien años.

El Secreto Mejor Guardado de Los Ricos

En mi observación de mi trabajo con varios dueños de negocios alrededor del mundo, hay una cosa que diferencia a los altamente exitosos y ricos con los que están en apuros y son pobres.

Los dueños de negocios en apuros gastarán tiempo para ahorrar dinero, mientras que los dueños de negocios exitosos gastarán dinero para ahorrar tiempo. ¿Por qué es esto una distinción importante? Porque siempre puedes conseguir más dinero, pero nunca más tiempo. Así que tienes que asegurar que gastarás tu tiempo en las cosas de mayor impacto.

Esto se llama eficiencia y **la eficiencia es el secreto mejor guardado de los ricos.**

Estas actividades eficientes y de gran impacto son las cosas que componen los 20% clave de la regla 80/20 y el 4% de la regla 64/4.

Si quieres más éxito, tienes que empezar a prestar atención y, a ampliar las cosas que te proporcionan más eficiencia.

Hay varias áreas de tu negocio donde puedes empezar a buscar puntos de eficiencia. Puede que intentes mejorar al 50% tus habilidades de negociación. Esto, a su vez, puede que te ayude a renegociar con proveedores clave y conseguir una mejora notable en tu precio de compra. Mientras que esto es genial, al fin y al cabo, después de todo el tiempo y esfuerzo, sólo has conseguido mejorar un poco lo básico. Eso no es lo que yo llamaría una eficiencia masiva. Queremos una mejora exponencial no incremental.

Sin duda el mayor punto de eficiencia para cualquier empresa es el marketing. Si mejoras un 10% el marketing, esto puede tener un efecto exponencial o multiplicador de tus básicos.

Willie Sutton era un prolífico ladrón de bancos estadounidense. Durante su carrera criminal de 40 años, robó millones de dólares y, eventualmente, pasó más de la mitad de su vida adulta en la cárcel—y también logró escapar tres veces. El reportero Mitch Ohnstad le preguntó por qué robaba bancos. Según Ohnstad, éste contestó, "Porque ahí es dónde está el dinero." Cuando hablamos de negocio, la razón por lo que queremos centrarnos en el marketing es la misma—porque **ahí está el dinero.**

Usando las reglas 80/20 y 64/4— Tu Plan de Marketing

Volvamos a mi historia del tipo de plan equivocado. Mientras que mi documento de plan de empresa resultó no ser nada más que una basura inútil de habladurías de negocios y paja, la parte del proceso del plan de negocio que resultó ser muy útil para mí fue crear un plan de marketing.

El plan de marketing se convirtió en un 20% del proceso de planificación del negocio que producía un 80% de los resultados.

Esto ha sido el caso en cada negocio que he creado y dirigido desde entonces.

Con esto en mente cuando empecé a enseñar a dueños de pequeñas empresas, una gran parte se enfocaba en crear un plan de marketing.

¿Y sabes qué? Muy pocos de ellos lo completaron. ¿Por qué? Porque crear un plan de marketing era un proceso complejo y laborioso que muchos dueños de negocios no querían hacer.

Así que, otra vez, la vagancia se convirtió en la madre de la innovación. Necesitaba una manera de transportar la esencia del proceso del plan de marketing y convertirlo en algo simple, práctico y útil para los dueños de negocios. Entonces nació El Plan de Marketing de Una Página.

El Plan de Marketing de Una Página es el 4% de esfuerzo que genera el 64% (o más) del resultado de un negocio. Es la regla 64⁄4 aplicada a la planificación de negocio. Usando este proceso, podemos reducir cientos de páginas y miles de horas de la planificación de negocio tradicional a una sola página, que requiere media hora para pensarse y completarse.

Lo más emocionante es que se convierte en un documento vivo en tu negocio. Uno que puedes pegar en la pared de tu oficina y usar o refinar con el tiempo. Es más, es práctico. No hay palabrerías ni jerga de gestión ni técnicas. No necesitas una licenciatura para crearlo ni entenderlo.

El Plan de Marketing de Una Página ha sido una innovación en la implementación de marketing. He visto tasas de cumplimiento mejorar de manera significativa entre mis clientes. Dueños de negocios que nunca han tenido tiempo, dinero ni conocimientos para crear un plan de marketing tradicional ahora tienen uno. Como resultado, han recogido los enormes beneficios de tener claridad acerca de su marketing.

Pronto presentaré el Plan de Marketing de Una Página, pero antes creo que sería valioso empezar desde el principio y no dar nada por hecho. El marketing en sí es un término difuso que se entiende muy poco, incluso por los supuestos profesionales y expertos en la industria. Así que, veamos lo que el marketing es en realidad, de una manera rápida y fácil de entender.

¿Qué es Marketing?

Algunas personas piensan que el marketing es publicidad, branding u otro concepto difuso. Mientras que estas cosas están asociadas con el marketing, no son lo mismo.

Aquí está la definición de marketing más simple y libre de jerga que vas a encontrar en tu vida:

Si el circo viene al pueblo y escribes un cartel que pone "El Circo viene al Recinto Ferial el Sábado," eso es **propaganda**.

Si pones el cartel en un elefante y paseas por el pueblo, eso se llama **promoción**.

Si el elefante pisa las flores del alcalde y el periódico local escribe un artículo sobre ello, eso es **publicidad**.

Y si consigues que el alcalde se ría de la situación, se llama **relaciones públicas**.

Si los habitantes del pueblo van al circo, les muestras las casetas de feria, les explicas lo bien que lo van a pasar gastando dinero en esas casetas, contestas a sus preguntas y consigues que se gasten mucho dinero en el circo, eso se llama **ventas**.

Y si lo has planeado todo, **eso es marketing**.

Si, así de simple—el marketing es la **estrategia** que usas para conseguir que tu público objetivo ideal te conozca, caerles bien y que confíen en ti lo suficiente para convertirse en clientes. Todo lo que sueles asociar con el marketing son tácticas. Hablaremos más sobre estrategia vs. **táctica** en un momento.

Sin embargo, antes de hacer eso, necesitas entender que un cambio esencial ha ocurrido en la última década y que las cosas ya no serán como antes.

Las Respuestas Han Cambiado

Una vez, Albert Einstein estaba haciendo un examen a su clase superior. Resultó ser el mismo examen que les había hecho el año anterior. Su profesor ayudante, alarmado por lo que estaba viendo y pensando que era un despiste del profesor, se lo comentó a Einstein.

"Disculpe, señor," dijo el ayudante, sin saber muy bien cómo decirle a ese genio su error.

"¿Si?" dijo Einstein.

"Am, eh, es sobre el examen que has repartido." Einstein esperó pacientemente.

"No sé si se ha dado cuenta que es el mismo examen del año pasado. De hecho, es idéntico."

Einstein se paró a pensar un momento, y luego dijo, "Si, es el mismo examen, pero las respuestas han cambiado."

Al igual que las respuestas en la física cambian cuando se producen nuevos descubrimientos, las respuestas de los negocios y el marketing también.

Érase una vez, cuando ponías algunos anuncios, les pagabas una buena cantidad de dinero y tu marketing de un año estaba hecho. Ahora tienes buscadores de web, redes sociales, podcasts, páginas web, y un montón de cosas más en que pensar.

Internet ha abierto, literalmente, un mundo de competencia. Mientras que antes tu competencia estaba al otro lado de la calle, ahora puede estar al otro lado del mundo.

Como resultado, muchos que intentan promocionar su empresa se paralizan con el "síndrome del objeto brillante." Aquí es donde se atascan en las tácticas de marketing que están "de moda" en ese momento, como el Seo, video, podcasting, publicidad pay per clic, etc. Se pierden en las herramientas y **tácticas** y nunca averiguan el panorama completo de lo que están intentando hacer y por qué.

Déjame enseñarte porque esto te llevara a un mundo de angustia.

Estrategia vs. Tácticas

Entender la diferencia entre estrategia y táctica es la clave del éxito del marketing.

La estrategia es la planificación a gran escala que haces antes de las tácticas. Imagina que has comprado un trozo de terreno vacío y quieres construir una casa. ¿Pedirías un paquete de ladrillos y simplemente empezarías a colocarlos? Claro que no. Acabarías con un desastre enorme que seguramente no sería seguro.

Entonces, ¿qué haces? Primero contratas a un constructor y a un arquitecto y ellos planean todo, desde las cosas más grandes como conseguir permisos de obra, hasta el tipo de grifos que quieres. Todo esto se planea antes de mover una sola pala de tierra. **Eso es**

estrategia. Después, una vez que tengas tu estrategia, sabes cuántos ladrillos te van a hacer falta, dónde van los cimientos y que tipo de tejado vas a tener. Ahora contratas a albañiles, carpinteros, fontaneros, electricistas, etc. **Esas son tácticas.**

No puedes hacer nada que valga la pena de forma exitosa sin estrategia y tácticas.

Una estrategia sin tácticas lleva a la parálisis por análisis. No importa qué tan buenos sean el constructor y el arquitecto, no se va a construir la casa si alguien no empieza a colocar ladrillos. En algún momento van a tener que decir, "Vale, el plano está hecho. Tenemos todos los permisos para construir, así que empecemos."

Las tácticas sin estrategia llevan al "síndrome de objeto brillante." Imagina que empiezas a construir una pared sin planes y luego descubres que está en el sitio equivocado, así que empiezas con los cimientos pero descubres que no son los adecuados para tu casa, así que empiezas a excavar donde quieres la piscina pero eso tampoco está bien. Claramente, no va a funcionar. Sin embargo, es exactamente como muchos dueños de negocios hacen marketing. Juntan un puñado de tácticas diferentes con la esperanza de que, con lo que estén haciendo, lleguen a tener un cliente. Crean una página web sin pensarlo bien y termina pareciendo una versión online de su panfleto, o empiezan a promocionar en las redes sociales porque han oído que está de moda, etc.

Necesitas tanto estrategia como tácticas para tener éxito, pero la estrategia viene antes y dicta las tácticas que debes usar. Aquí es donde entra tu plan de marketing. Piensa que tu plan de marketing es el plano del arquitecto que necesitas tener para conseguir y mantener clientes.

Tengo un producto o servicio genial

Muchos dueños de negocios se engañan a sí mismos al pensar que si su producto es excelente, el mercado lo comprará. Mientras que el concepto "si lo construyes, vendrán" funciona muy bien en las películas, es una pésima estrategia de negocio. Es una estrategia que es muy cara y viene con alto porcentaje de fracaso. El pasado está repleto de productos técnicamente superiores que fracasaron comercialmente.

Bien, hasta los productos geniales no son suficientes. El marketing debe ser una de tus principales actividades si quieres tener éxito en tu negocio.

Pregúntate, ¿cuándo descubre un cliente lo bueno que es tu producto o servicio? La respuesta es clara—cuando lo compra. Si no lo compra, nunca sabrá si tu producto o servicio es bueno. Como dijo una vez Thomas Watson de IBM: "Nada ocurre hasta que la venta se complete."

Por lo tanto, necesitamos entender de manera clara un concepto importante: **un buen producto o servicio es una herramienta para retener clientes**. Si damos a nuestros clientes una buena experiencia de producto o servicio, comprarán más, nos recomendarán a otras personas y promocionarán la **retención** del cliente, necesitamos pensar en la **adquisición** del cliente (o sea en el marketing). Los emprendedores más exitosos siempre empiezan con el marketing.

Como Matar a Tu Negocio

Te voy a revelar una de las formas más fáciles y comunes de matar tu negocio—con la esperanza sincera de que **no** lo hagas. Es, sin duda, el mayor error cometido por dueños de pequeñas empresas con respecto al marketing.

Es un problema generalizado, y está en el corazón del por qué la mayoría del marketing de pequeñas empresas fracasan.

Si eres el dueño de un negocio pequeño, sin duda habrás pensado algo en torno al marketing y la publicidad. ¿Qué enfoque usarás? ¿Qué dirás en tu publicidad?

La forma más común en el que los dueños de pequeñas empresas hacen esto es observando a la competencia grande y exitosa de su industria y copiar lo que hacen ellos. Esto parece lógico—hacer lo que están haciendo otras empresas con éxito y tú también tendrás éxito. ¿Cierto?

En realidad, es la forma más rápida de fracasar y estoy seguro de que esto es responsable de la mayoría de los fracasos de las pequeñas empresas. Aquí están las dos razones principales.

#1 Las Empresas Grandes Tienen Agendas Diferentes

Las empresas grandes tienen una agenda muy diferente que las pequeñas empresas con respecto al marketing. Sus estrategias y prioridades son significativamente diferentes a los tuyos.

Las prioridades de marketing de una empresa grande se parecen un poco a esto:

1. Satisfacer a la junta directiva
2. Apaciguar a los accionistas
3. Satisfacer las preferencias de los superiores
4. Satisfacer las preconcepciones existentes de los clientes
5. Ganar premios de publicidad y creatividad
6. Conseguir "compras" de varios comités y accionistas
7. Conseguir un beneficio

Las prioridades de marketing del dueño de una pequeña empresa se parecen algo a esto:

1. Conseguir un beneficio

Como puedes ver, hay un mundo de diferencias entre las prioridades de marketing de pequeñas y grandes empresas. Así que, naturalmente, tiene que haber un mundo de diferencia en cuanto a su estrategia y ejecución.

#2 Las Empresas Grandes Tienen Presupuestos MUY Diferentes

La estrategia cambia con la escala. Eso es muy importante de entender. ¿Crees que una persona que invierte y construye rascacielos tiene una estrategia de inversión de propiedad diferente a un inversor de pequeñas propiedades? Por supuesto que sí.

Usando la misma estrategia simplemente no funciona en una escala más pequeña. No puedes construir una planta de un rascacielos y tener éxito. Necesitas las 100 plantas.

Si tienes un presupuesto de publicidad de 10 millones de dólares y tres años para ver un resultado beneficioso, vas a usar una estrategia muy diferente comparada con una persona que necesita beneficio inmediato con un presupuesto de 10 mil dólares.

Usando una estrategia de marketing de una empresa grande, tus 10 mil dólares serán una gota en un océano. Será inútil e inefectivo porque estás usando la estrategia equivocada para la escala con la que estás trabajando.

Marketing de Empresas Grandes

El marketing de empresas grandes también se conoce como marketing en masa o "branding." El objetivo de este tipo de publicidad es hacer que los clientes y posibles clientes recuerden tu marca al igual que los servicios y productos que ofreces.

La idea es que, mientras más veces pones el anuncio de tu marca, es más probable que las personas que lo ven estén más conscientes de ello cuando van a tomar una decisión de compra.

La gran mayoría del marketing de grandes empresas cae dentro de esta categoría. Si has visto los anuncios de grandes marcas como Coca-Cola, Nike y Apple, has experimentado el marketing en masa.

Este tipo de marketing es efectivo; sin embargo, es muy caro hacerlo bien y tarda mucho tiempo. Requiere que satures diferentes tipos de medios de publicidad, por ejemplo, transmisión, prensa, externo y digital, de forma regular y durante un largo periodo de tiempo. El coste y el tiempo involucrado no es problema para las marcas grandes, ya que tienen presupuestos de publicidad enormes y equipos de marketing y líneas de producto planeado años antes.

Pero, el problema surge cuando las pequeñas empresas intentan imitar a las grandes marcas con este tipo de marketing.

Las pocas veces que ponen sus anuncios es como una gota en un océano. No es ni remotamente suficiente para alcanzar la consciencia de su mercado objetivo, que es atacado con mensajes de marketing todos los días. Así que se ahogan entre los demás y ven poco o nada del beneficio de su inversión. Cae otra víctima del marketing.

No es que las empresas pequeñas son malas para hacer "branding" o publicidad en masa. Es que, simplemente no tienen presupuesto para poner sus anuncios suficientes veces para que sea efectivos.

A no ser que tengas millones de dólares en tu presupuesto de publicidad, tienes una alta probabilidad de fracasar con este tipo de marketing.

Branding, marketing en masa y marketing basado en ego es el dominio de las grandes empresas. Para conseguir cualquier tipo de logro se requiere un presupuesto muy alto y el uso de costosos medios de comunicación en masa.

Seguir los pasos de otros negocios exitosos es bueno, pero es esencial que comprendas la estrategia completa que estás siguiendo y que seas capaz de llevarlo a cabo.

La estrategia desde la perspectiva de un observador puede ser muy diferente a la realidad. Si sigues una estrategia que tiene prioridades diferentes a las tuyas, o un presupuesto muy diferente, es improbable que genere el tipo de resultado que buscas.

Ahora veremos qué aspecto tienen los pequeños y medianos negocios con éxito.

Marketing de Pequeñas y Medianas Empresas

El marketing de respuesta directa es una rama particular del marketing que permite a las pequeñas empresas aparecer y tener una ventaja de competencia con un presupuesto bajo. Está diseñado para asegurar que recibes una ganancia de inversión que se pueda medir.

Si los billetes de 10 dólares se venderían a 2 dólares, ¿cuantos comprarías? El máximo posible, claro está. El propósito de marketing de respuesta directa es "dinero por un descuento." Por ejemplo, por cada 2 dólares gastado en publicidad, recibes 10 dólares de beneficios en ventas.

También es una forma de venta altamente ética. Se centra en problemas específicos del cliente y trata de resolver estos problemas con educación y soluciones específicas. También es la única manera de poder alcanzar la mente del cliente sin que cueste mucho dinero.

Cuando conviertes tus anuncios en anuncios de respuesta directa, se convierten en herramientas para generar prospectos en vez de solo herramientas de reconocimiento de marca.

El Marketing de respuesta directa está diseñado para provocar una respuesta inmediata e impulsar al cliente a tomar acciones específicas, como apuntarse a tu lista de correo, responder al teléfono, hacer un pedido o ir a un sitio web. Entonces, ¿qué es un anuncio de respuesta directa? Aquí hay algunas características:

Se puede seguir. O sea, cuando alguien responde, sabes qué anuncio y qué fuente es responsable de generar esa respuesta. Esto está en contraste directo con marketing en masa o "branding"—nadie sabrá jamás que anuncio te llevó a comprar esa lata de Coca-Cola; quizás ni tú mismo lo sabes.

Se puede medir. Cómo sabes a qué anuncios se responde y cuántas ventas has recibido de cada uno, puedes medir exactamente como es cada anuncio de efectivo. Y luego cancelas o cambias los anuncios que no te están generando una ganancia de tu inversión.

Usa títulos llamativos y textos de venta. El Marketing de respuesta directa tiene un mensaje llamativo de alto interés para tus clientes objetivos. Usan títulos que llaman la atención con un texto de ventas que es "comercial impreso." A veces, el anuncio parece más una editorial que un anuncio (lo que hace que sea tres veces más probable que la gente lo lea).

Se centra en un público específico. Se centra en clientes dentro de verticales específicos, zonas geográficas o mercados. El anuncio intenta ser atractivo para un mercado objetivo.

Tiene una oferta específica. Normalmente, el anuncio hace una oferta de valor específico. A veces, el objetivo no es necesariamente vender algo del anuncio, pero es simplemente conseguir que el cliente realice la siguiente acción, como pedir un recurso gratuito. La oferta se centra en el cliente en vez del negocio y habla de los intereses, deseos, miedos y frustraciones del cliente. Por contraste, el marketing en masa tiene un mensaje de marketing amplio y de talla única y se centra en el negocio.

Exige una respuesta. La publicidad de respuesta directa tiene una "llamada de acción" empujando al cliente a hacer algo específico. También incluye un medio de respuesta y una "captura" de estas respuestas. Los clientes interesados y de altas probabilidades tienen una forma fácil de responder, un número de teléfono, una dirección de email o una página de destino. Cuando el cliente responde, se captura toda la información de contacto que se puede del cliente para poder contactarlos con una respuesta inicial.

Incluye un seguimiento multi-paso y de corto-plazo. Se le ofrece al cliente una información valiosa que le puede ayudar con su problema a cambio de registrar su información en un formulario. La información debería llevar consigo una segunda "oferta irresistible"—atado a cualquier paso que quieres que tome el cliente, como llamar para concertar una cita, o venir a la sala de exposición o tienda. Luego, se realiza una serie de "llamadas" de seguimiento a través de diferentes medios como email, mensaje de texto, correo postal o teléfono. A veces hay un tiempo o cantidad limitada en la oferta.

Incorpora seguimiento de mantenimiento para prospectos sin convertir. Las personas que no responden dentro de un periodo de seguimiento a corto plazo pueden tener muchas razones para no convertirse en compradores inmediatamente.

Hay valor en este banco de clientes que tardan en "madurar." Hay que cuidar de ellos y contactarlos de manera regular.

El Marketing de respuesta directa es un tema muy profundo con muchas facetas. El Plan de Marketing de Una Página es una herramienta que te ayuda a implementar el marketing de respuesta directa en tu negocio sin necesidad de pasar años estudiando para convertirte en experto.

Es un proceso guiado que te ayuda a crear elementos claves de una campaña de respuesta directa para tu negocio de manera rápida y fácil.

El Plan de Marketing de Una Sola Página

La plantilla del "Plan de Marketing de 1-página" (1PMP) está diseñada para que la puedas rellenar por puntos mientras lees este libro y acabar con un plan de marketing personalizado para tu negocio. Aquí tienes un ejemplo de la plantilla de 1PMP:

My 1-Page Marketing Plan

	1. My Target Market	2. My Message to My Target Market	3. The Media I Will Use to Reach My Target Market
Before (Prospect)			

	4. My Lead Capture System	5. My Lead Nurturing System	6. My Sales Conversion Strategy
During (Lead)			

	7. How I Deliver a World-Class Experience	8. How I Increase Customer Lifetime Value	9. How I Orchestrate and Stimulate Referrals
After (Customer)			

Hay nueve cuadrados divididos en las tres grandes fases del proceso de marketing. La mayoría de grandes teatros, películas y libros están divididos en una estructura de tres partes, y esto es cierto para el marketing también. Echemos un vistazo a esas tres partes.

Descarga tu copia de la plantilla del "Plan de Marketing de 1-página" en 1pmp.com

Las Tres Fases del Camino del Marketing

El proceso de marketing es un camino por el que queremos guiar nuestro mercado objetivo. Queremos guiarlos desde no saber que existimos hasta que se convierten en un cliente y seguidor.

En este camino, hay tres fases diferentes por las que los guiamos. Estas fases son las fases **Antes**, **Durante** y **Después** de tu proceso de marketing. Abajo hay un breve resumen de las tres fases.

Antes

Llamamos a aquellas personas que están en la fase de antes como **posibles.** Al principio de la fase de "Antes", los posibles no saben ni que existes. La culminación exitosa de esta fase resulta en el posible sabiendo quien eres y mostrando interés.

Tom es un dueño ocupado de un negocio y está frustrado porque sus datos están dispersos en múltiples aplicaciones y herramientas de software que nunca están sincronizadas. Busca una solución y se encuentra con un anuncio con el titular "Ahorra horas de trabajo manual: conecta, comparte y gestiona todos tus datos sin esfuerzo". Tom hace clic en el anuncio y es llevado a un formulario donde debe ingresar su dirección de correo electrónico para descargar un white paper gratuito. Tom ve valor en lo que ofrece, así que ingresa su dirección de correo electrónico.

Durante

Llamamos a las personas que están en la fase de durante como **prospectos**. Al principio de la fase de "durante", los prospectos han indicado algo de interés en tu oferta. La culminación exitosa de esta fase resulta en el posible comprando en tu negocio por primera vez.

Tom obtiene mucho valor del white paper que ha descargado. Tiene algunos conocimientos realmente buenos y ya ha comenzado a implementar algunas de las ideas que contiene. Además, la empresa que escribió el white paper le ha estado enviando correos electrónicos con consejos e información adicional valiosa. Le ofrecen a Tom una auditoría exhaustiva y gratuita de sus sistemas. Tom acepta esta oferta. La auditoría es minuciosa y profesional, y revela a Tom que sus sistemas actuales son ineficientes y propensos a errores. Más preocupante aún, la auditoría revela que algunos de los datos comerciales de Tom están mal protegidos y son vulnerables al robo o ataque. Le ofrecen resolver todos los problemas identificados durante la auditoría a un precio muy rebajado. Tom acepta esta oferta.

Después

Llamamos a las personas en esta fase clientes. Dependiendo del tipo de negocio que tienes, esto puede ser un cliente, un consumidor o un paciente. Al principio de la fase de "después", los clientes ya te han dado dinero. La fase de después nunca acaba y, cuando se ejecuta correctamente, resulta un círculo virtuoso donde el cliente compra repetidas veces y es tan fan de tus productos o servicios que te recomiendan constantemente a nuevos posibles.

Tom está muy impresionado con el profesionalismo del consultor que solucionó sus problemas. El consultor era altamente competente y le explicó todo a Tom en un lenguaje claro y sencillo. Importante, cumple con la promesa de su empresa de "Arreglado a la primera o es gratis". Alguien de la central sigue a Tom al día siguiente para asegurarse de que esté satisfecho con el servicio recibido. Tom indica que está muy satisfecho. Durante esta llamada de seguimiento, a Tom se le ofrece un paquete donde un experto cualificado se encargará de manera proactiva de sus sistemas por una tarifa mensual fija. También incluye soporte técnico ilimitado, por lo que si Tom se queda atascado en cualquier momento, puede llamar, chatear o enviar un correo electrónico y obtener ayuda inmediata. Tom acepta esta oferta. El soporte en vivo solo ya es de gran valor para él, ya que a menudo se frustra con su sistema informático y pierde tiempo productivo tratando de encontrar una solución. Tom incluso recomienda a tres de sus amigos que tienen sus propios negocios a esta empresa debido al excelente servicio que ha experimentado.

En resumen, si describimos las tres fases en una tabla, se parecería a esta:

FASE	ESTADO	OBJETIVO DE LA FASE
Antes	Posible	Que **te conozcan** y muestran interés
Durante	Prospecto	Que **les gustes** y compran algo de ti por primera vez
Después	Cliente	Que **confíen en ti,** compran regularmente y te recomienden a otros.

Ahora que tenemos una vista resumida de la estructura completa, es hora de entrar y revisar con más detenimiento cada uno de los nueve cuadros que constituyen tu Plan de Marketing de Una Página.

Importante:

Descarga tu copia de la plantilla del "Plan de Marketing de 1-página" en 1pmp.com

PARTE I

LA FASE DE "ANTES"

Resumen de la Fase de "Antes"

En la fase de "antes", estás tratando con posibles. Los posibles son las personas que quizá ni siquiera saben que existes. En esta fase, identificarás a tu mercado objetivo, crearás un mensaje llamativo para este mercado objetivo y les entregarás tu mensaje a través de publicidad.

El objetivo de esta fase es conseguir que tu posible **te conozca** y responda a tu mensaje. Una vez que han mostrado interés respondiendo, se convierten en prospectos y entran en la siguiente fase de tu proceso de marketing.

1

ELIGIENDO TU MERCADO OBJETIVO

Capítulo 1 Resumen

Elegir tu mercado objetivo es un primer paso crucial en el proceso de marketing. Haciendo esto, te asegurarás que tu mensaje de marketing resuene mejor, y que, a la vez, hará que tu marketing sea más efectivo. Centrándote en el mercado objetivo correcto para tu negocio, podrás conseguir una mejor ganancia para el tiempo, dinero y energía que inviertes.

Los puntos que revisaremos en este capítulo incluyen:

- Por qué centrarte en todo el público con tu producto o servicio es mala idea.
- Por qué el marketing en masa puede ser dañino para tu negocio y costarte más de lo que te ofrece
- Cómo usar el "Índice PVR" para elegir tu mercado objetivo perfecto
- Por qué deberías centrarte en un nicho y ser un pez grande en un estanque pequeño
- Cómo hacer que el precio sea irrelevante
- Por qué deberías dejar de promocionar una larga lista de productos y servicios
- Cómo entrar en la mente de tu posible cliente para entender exactamente lo que quieren

Eligiendo Tu Mercado Objetivo

No Son Todos

C UANDO PREGUNTO A dueños de empresas quien es su mercado objetivo, muchos suelen responder con "todos". En realidad, esto significa nadie. En su entusiasmo de adquirir tantos clientes como sea posible, muchos dueños de empresas intentan servir al mercado más amplio posible.

Al principio, esto parece lógico. Sin embargo, es un error enorme. Muchos dueños de empresas están preocupados de reducir su mercado objetivo porque no quieren excluir a clientes potenciales. Este es el error típico de un novato en marketing. En este capítulo vamos a examinar el por qué excluir clientes puede ser algo bueno. Como vimos en la Introducción, la mayoría de la publicidad de grandes empresas cae dentro de la categoría llamada marketing en masa, algo también llamado "branding." Con este tipo de marketing, los dueños de negocios son como arqueros en una niebla densa, tirando flechas en todas las direcciones con la esperanza de que una o más alcance el objetivo deseado.

La teoría detrás del marketing en masa es que quieres "darte a conocer por ahí." No estoy muy seguro de dónde está ese "ahí" o qué se supone que va a pasar cuando te conocen "ahí." En cualquier caso, la teoría es que, si difundes tu mensaje suficientes veces, puedes, por suerte, conseguir un público y un porcentaje de ellos te comprarán a ti.

Si esto se parece mucho a nuestro arquero desorientado, corriendo por la niebla, disparando flechas en todas las direcciones, y deseando lo mejor, estás en lo cierto. Aunque, puede que estés pensando—si dispara suficientes flechas en todas las direcciones, seguro que le da a su objetivo, ¿no? Quizás, pero para una pequeña o mediana empresa al menos, es la forma estúpida de hacer marketing, porque nunca tendrán suficientes flechas (o sea, dinero) para darle a su objetivo suficientes veces para conseguir un buen beneficio con su inversión.

Para hacer marketing de manera exitosa para una pequeña empresa, necesitas una puntería laser en un mercado objetivo reducido, a veces llamado nicho.

Nicho—Empleando el Poder del Enfoque

Antes de seguir, vamos a definir lo que es un nicho de negocio.

Un nicho es la porción de una sub-categoría firmemente definida. Por ejemplo, piensa en la categoría de salud y belleza. Es una categoría muy amplia. Un salón de belleza puede ofrecer una gran variedad de servicios, incluyendo bronceado, cera, tratamientos faciales, masajes, tratamiento de celulitis y más. Si, por ejemplo, sacamos una de estas sub-categorías—digamos, tratamiento de celulitis—esto podría ser nuestro nicho. Sin embargo, lo podemos ajustar aún más, centrándolo en tratamiento de celulitis para mujeres que acaban de tener un bebé. Esto es un nicho muy definido. Ahora, estarás pensando, ¿por qué iba a limitar tanto mi mercado? Por esto:

1. Tienes un dinero limitado. Si tu enfoque es muy amplio, tu mensaje de marketing será diluido y débil.
2. El otro factor crítico es la relevancia. El objetivo de tu anuncio es para que tus posibles clientes digan "Esto es para mí."

Si eres una mujer que acabas de tener un hijo y estás preocupada por la celulitis, ¿te llamaría la atención un anuncio enfocado en este problema específico? Claro que sí. ¿Y si el anuncio era uno general para un salón de belleza que pone una larga lista de servicios, con uno de ellos siendo tratamiento de celulitis? Seguro que se pierde entre los demás.

Un foco de 100 vatios, como los que usamos en nuestra casa, ilumina una habitación. Por contraste, un láser de 100 vatios corta el acero. Misma energía, resultados diferentes.

La diferencia es cómo se enfoca la energía. Esto mismo es cierto para tu marketing también.

Otro ejemplo con un fotógrafo. Si ves los anuncios de muchos fotógrafos, encontrarás una larga lista de servicios como estos:

- Retratos
- Bodas
- Fotografía Familiar
- Fotografía comercial
- Fotografía de moda

Puede que la forma técnica en la que la fotografía se realiza de situación en situación no varía mucho, pero deja que te haga una pregunta. ¿Crees que alguien buscando un fotógrafo para una boda respondería a un anuncio diferente a alguien que está buscando fotografía comercial?

¿Crees que la futura novia buscando un fotógrafo para su día especial puede estar buscando algo completamente diferente que un director de ventas de una empresa de maquinaria pesada buscando fotografiar un camión para un panfleto publicitario? Por supuesto que sí.

Pero, si el anuncio ofrece una lista larga de servicios, no comunica con ningún posible cliente, así que, no es relevante y es posible que ambos mercados lo ignoren.

Por eso tienes que elegir un mercado objetivo reducido para tu campaña de marketing.

Ser todo para todos lleva a un fracaso de marketing. Esto no quiere decir que no puedes ofrecer una amplia variedad de servicios, pero entiende que cada categoría de servicio es una campaña diferente.

Enfocarte en un nicho reducido te permite convertirte en un pez grande en un estaque pequeño. Te permite dominar una categoría o geografía de una forma que sería imposible si generalizas.

El tipo de nicho que quieres son "unos centímetros de ancho y un kilómetro de profundidad." Unos centímetros significa que es una sub-sección altamente definida de una categoría. Un kilómetro significa que hay muchas personas buscando una solución para un problema específico. Una vez que domines un nicho, puedes expandir tu negocio buscando otros nichos altamente definidos y productivos, y dominarlos también.

Ahora puedes tener todas las ventajas de un enfoque definido sin limitar el tamaño potencial de tu negocio.

El Nicho Hace que el Precio sea Irrelevante

Si has sufrido un ataque al corazón, ¿prefieres que te vea un médico general o un cardiólogo especialista? Eliges el especialista, claro. Ahora, si tienes una consulta con el cardiólogo, ¿esperas que te cobre más que un médico general? Por supuesto.

Tu factura con el especialista seguramente será más alta que con tu médico de familia, pero no vas por el precio.

¿Por qué, de repente, el precio es irrelevante? Eso es lo bueno de servir a un nicho. Aunque hagas operaciones de corazón o tratamientos de celulitis, puedes cobrar más por tus servicios que un generalista. Tus posibles clientes y tus clientes te ven diferente. A un especialista no se le busca por su precio. Se respeta más a un especialista que a un médico que ofrece de todo. A un especialista se le paga bien para resolver un problema específico de su mercado objetivo.

Así que averigua por qué tu mercado está buscando una solución, y por lo que te pagaría bien. Luego, entra en la conversación que tienen en su mente, preferiblemente algo por lo que se preocupa cuando va a dormir y se despierta pensando en ello. Haz esto y tus resultados mejorarán drásticamente.

Intentar enfocarte en todos realmente significa que no te estás enfocando a nadie. Por abarcar demasiado, matarás lo que te hace especial y ser una comodidad a un precio bajo. Definiendo tu mercado objetivo, sorprendiendo y dando buenos resultados, te conviertes en especialista.

Cuando defines tu mercado objetivo, tú decides a quien quieres excluir. No subestimes la importancia de esto. Excluir a posibles clientes asusta a muchos negocios. Erróneamente, creen que una red más grande seguramente captura a más clientes.

Esto es un error. Domina un nicho, y una vez que lo controlas, haz lo mismo con otro, y otro más. Pero nunca todo al mismo tiempo. Haciendo eso se diluye tu mensaje y tu poder de marketing.

Cómo Identificar a Tu Cliente Ideal

Dado que ahora ves el poder de elegir un mercado objetivo definido, ahora es el momento de escoger el tuyo. Como con la mayoría de negocios, puede que actualmente atiendas a múltiples segmentos de mercado. Por ejemplo, volviendo al ejemplo del fotógrafo, pongamos que él ofrece:

- Bodas
- Fotografía Empresarial
- Fotoperiodismo
- Retratos Familiares

Estos son segmentos de mercado muy diferentes. Una manera genial para averiguar tu mercado **ideal** es usar el índice pVr (Realización **P**ersonal, **V**alor al mercado y **R**entabilidad) y dar a cada segmento de mercado que atiendes una clasificación sobre 10.

P—Realización Personal: ¿Cuánto te gusta tratar con este tipo de cliente? A veces, tenemos que trabajar con clientes "difíciles de tratar" solo por dinero. Aquí es dónde calificas cuanto disfrutas trabajando con este segmento de mercado.

V—Valor para el mercado: ¿Cuánto valoran tu trabajo este segmento de mercado? ¿Están dispuestos a pagarte mucho por tu trabajo?

R—Rentabilidad: ¿Qué tan rentable es el trabajo que haces para este segmento de mercado? A veces, incluso cuando cobras más por tu trabajo, cuando miras los números, puede que no sea muy rentable o incluso tengas perdidas. **Recuerda, no son las "ventas," es lo que sobra después.**

Para nuestro ejemplo del fotógrafo, su índice pVr puede ser así:

BODAS	FOTOPERIODISMO
Realización personal = 5	Realización personal = 9
Valor al Mercado = 7	Valor al Mercado = 7
Rentabilidad = 9	Rentabilidad = 2
Total: 21	Total: 18
FOTOGRAFÍA EMPRESARIAL	**RETRATOS FAMILIARES**
Realización personal = 3	Realización personal = 9
Valor al Mercado = 6	Valor al Mercado = 8
Rentabilidad = 9	Rentabilidad = 9
Total: 18	Total: 26

El cliente **ideal** para el fotógrafo es aquel que busca retratos familiares. Es el más divertido y rentable, de mayor valor y el que mejor paga. Es probable que también haya un segmento de mercado ideal para ti.

Esto no quiere decir que no puedes aceptar trabajo fuera de tu mercado objetivo **ideal**; sin embargo, por ahora, nuestros esfuerzos de marketing se centrarán en un segmento de mercado ideal. Queremos un enfoque láser. Una vez que domines este segmento de mercado, podremos avanzar y añadir otros. Si empezamos ampliando demasiado nuestra lista de segmentos de mercado, nuestros esfuerzos de marketing no serían efectivos.

¿Cuál es tu mercado objetivo ideal? Sé lo más específico posible al describir todos los atributos que pueden ser relevantes. ¿Cuál es su género, edad y localización?

¿Tienes una imagen de ellos? Si es así corta o imprime una foto de cómo son y responde a las siguientes preguntas:

- ¿Qué les mantiene despiertos de noche, con un nudo en su garganta, ojos abiertos, mirando al techo?
- ¿A qué le tienen miedo?
- ¿Con qué están enfadados?

- ¿Con quién están enfadados?
- ¿Cuáles son sus principales frustraciones diarias?
- ¿Qué modas están apareciendo o aparecerán en su negocio o su vida?
- ¿Qué es lo que más desean con fervor pero en secreto?
- ¿Hay una tendencia de cómo toman decisiones? Por ejemplo, ingenieros excepcionalmente analíticos.
- ¿Tienen alguna lengua o jerga que usan?
- ¿Qué revistas leen?
- ¿Qué páginas web visitan?
- ¿Cómo es el día a día de la persona?
- ¿Cuál es el sentimiento dominante de este mercado?
- ¿Cuál es la ÚNICA cosa que anhelan sobre todo lo demás?

Estas no son preguntas teóricas ni son castillos en el aire. Son la clave de tu éxito de marketing. Si no te metes en la mente de tu posible cliente, todos los demás esfuerzos se desperdiciarán—por muy bien que los hagas.

A no ser que pertenezcas a tu mercado objetivo, muchos de tus primeros esfuerzos de marketing deberían ser investigación, entrevistas y un estudio completo de tu mercado objetivo.

Crear Un Avatar

Una de las mejores herramientas para meterte en la mente de tu posible cliente es **convertirte** en ellos temporalmente, creando un avatar. No te preocupes, no me he vuelto loco.

Un avatar es una exploración y una descripción detallada de tu cliente objetivo y de su vida. Como un dibujante de la policía, construyes a partir de una serie de ideas una imagen clara de ellos en tu mente. Ayuda a contar su historia para que puedas visualizar su vida desde su perspectiva.

También es importante crear avatares para cada tipo de persona con influencia en la toma de decisiones que puedas encontrar en tu mercado objetivo. Por ejemplo, si vendes servicios de TI a pequeñas empresas en la industria financiera, puede que tengas que tratar con los dueños de las empresas y sus asistentes.

Aquí hay ejemplos de avatares para Max Cash, el dueño de una firma de planificación financiera de éxito, y sus asistente personal, Ángela Asistente.

Max Cash:

- Max tiene 51 años.
- Es dueño de un exitoso negocio de planificación financiera que ha crecido constantemente durante los últimos 10 años. En el pasado, trabajó para kpmg y otras corporaciones antes de abrir su propio negocio.
- Tiene una licenciatura y un Master Empresarial.
- Está casado y tiene dos hijas adolescentes y un hijo más joven.
- Vive en una zona de clase media-alta en una casa de cinco dormitorios, donde lleva viviendo durante cuatro años. Conduce un Mercedes Clase S de dos años de antigüedad.
- Tiene 18 empleados y trabaja desde un edifico de oficinas de su propiedad. Su oficina está a 15 minutos de su casa en auto.
- La empresa tiene una facturación anual de 4.5 millones de dólares, de los cuales la mayoría son ingresos por servicios.
- No tiene un empleado informático y delega la mayoría de las responsabilidades de informática y técnicas a su asistente personal, Ángela Asistente.
- Invierte unos $4,000 mensuales en diferentes tipos de software que se usa en su industria y le dan acceso a los datos financieros actuales. Sabe que el software le ayuda a él y a sus clientes, pero también sabe que la mayoría de las funciones no se usan.
- Sus sistemas informáticos son un revoltijo de diversas bases de datos, herramientas de software y servidores basados en la nube. La mayoría han sido instalados por sus proveedores de software y han recibido muy poco mantenimiento desde su instalación.
- Es un fanático del golf. Su oficina está decorada con objetos del golf. Hay fotos de él jugando al golf por todas partes. Su salvapantallas es una foto preciosa del Pebble Beach Golf Links.

- En su tiempo libre, como era de esperar, le gusta jugar al golf con sus amigos y socios.
- Él lee The Wall Street Journal, Bloomberg News y está suscrito a publicaciones especializadas de la industria.
- Usa un iPhone pero mayormente para llamadas, mensajes de texto e emails.

¿Ves cómo esto puede darnos una visión valiosa de cómo es la vida de nuestro posible cliente? Ahora vamos a ver el avatar de otra persona influyente en nuestro mercado objetivo:

Ángela Asistente:

- Ángela tiene 29 años.
- Está soltera y alquila un apartamento de dos dormitorios donde vive con su gato, Bigotes. Usa el transporte público para ir y venir al trabajo y su trayecto es de 30 minutos.
- Ángela es ordenada, siempre va bien vestida y es muy entusiasta.
- Ángela ha trabajado para Max durante los últimos tres años, cuando el crecimiento del negocio empezó a acelerar. Es su mano derecha y él estaría perdido sin ella.
- Organiza el calendario de Max, pone en marcha su portátil y el móvil, hace y recibe las llamadas en su nombre y mucho, mucho más. Ella es el pegamento que mantiene la empresa intacta y hace un poco de todo, desde informática a recursos humanos.
- Aunque su título es de asistente, hace mucho más que eso. Realmente es la gerente de la oficina y, de alguna manera, la gerente general. Es a ella a quien acuden los empleados cuando hace falta arreglar, ordenar u organizar algo.
- Tiene conocimientos informáticos pero no sabe de las cosas más técnicas y los aspectos estratégicos de los sistemas de TI.
- Después de trabajar, suele ir al gimnasio y ver programas de crimen y podcasts. fines de semana, ve a sus amigos y le gusta salir.
- Pasa mucho tiempo online leyendo blogs de belleza, moda, y cotilleos de famosos.

- Ángela gasta la mayoría de su discreto sueldo en salir, en entretenimiento y compras online, que es una adicción para ella. Aunque Ángela tiene un salario bastante bueno, siempre gasta más de lo necesario, lo que ha resultado en que acumule mucha deuda en tarjetas de crédito. Sabe que necesita gestionar mejor el dinero, pero siempre hay muchas tentaciones a las que no puede resistirse.
- Siempre está pegada al móvil, mandando mensajes y en las redes sociales constantemente.

Para dar un paso más allá, busca una imagen real para representar a tu avatar y tenlo delante de ti siempre que vayas a crear material de marketing para ellos.

Con suerte, ahora, puedes ver lo poderoso que son los avatares. Son el equivalente de marketing de los actores de método. Te llevan a la mente de tu posible cliente, una perspectiva que es absolutamente crucial para poder crear tu mensaje para tu mercado objetivo.

Capítulo 1 Artículo de Acción:

¿Quién es Tu Mercado Objetivo?
Rellena el cuadrado #1 de tu plantilla de tu Plan de Marketing de 1-página.

2

CREANDO TU MENSAJE

Capítulo 2 Resumen

La mayoría de mensajes de marketing son aburridos, débiles e inefectivos. Para destacar entre la multitud, necesitas crear un mensaje interesante que llame la atención de tu mercado objetivo. Una vez que tengas su atención, el objetivo de tu mensaje es motivarlos a contestar.

Los puntos que revisaremos en este capítulo incluyen:

- Por qué la mayoría de publicidad es inútil y qué no hacer
- Como destacar entre la multitud aun cuando estás vendiendo una comodidad
- Por qué no deberías competir solo con el precio
- Cómo crear una oferta llamativa para tu mercado objetivo
- Ejemplos de algunos de los títulos de publicidad más exitosos de la historia
- Como entrar en la mente de tu posible cliente y unirte a la conversación que está ocurriendo
- Cómo nombrar tu negocio, producto o servicio de forma efectiva

Creando Tu Mensaje

Un Desastre en Potencia

PASO MUCHO TIEMPO viendo diferentes tipos de medios nacionales y locales—no por los artículos, sino por los anuncios. Habiendo hecho esto durante varios años, con pocas excepciones, estoy realmente alucinado con lo aburrido, parecido e inútil que es la publicidad. Es dinero y oportunidades malgastadas.

Podrías resumir la estructura de casi todos los anuncios de pequeñas empresas de la siguiente manera:

Nombre de empresa Logo de la empresa

Una larga lista de servicios que ofrecen

Declaraciones de mejor calidad, mejor servicio o mejor precio Oferta de un "presupuesto gratuito"

Datos de contacto

Es básicamente nombre, rango y número de serie. Y esperan y rezan que en el mismo día que sale su anuncio, un posible cliente con una necesidad inmediata por su producto o servicio lo vea y tome una decisión. Esto es lo que yo llamo "marketing por accidente." Un posible cliente que por suerte ve el anuncio adecuado en el momento adecuado, a veces resulta por fortuna en una venta realizada.

Si estos "accidentes" nunca ocurriesen, nadie haría publicidad. Pero, como suele ocurrir, la venta o un prospecto ocasional puede ser el resultado de este tipo de publicidad. Generalmente, les hace perder dinero, temen no ponerlo porque algunas ventas del negocio han salido de ello—y quien sabe, puede que la próxima semana, llegue la venta grande que estaban esperando.

Es como si estos negocios visitan una tragaperras en un casino. Meten su dinero, tiran de la palanca y esperan ganar el premio—pero, la mayoría del tiempo, la casa se lleva el dinero. Ocasionalmente, reciben unos céntimos a cambio de su dólar, que eleva sus esperanzas y les anima a continuar.

Ya es hora de hacer marketing con un propósito—tratar la publicidad como una máquina expendedora, dónde los resultados generan valor y son predecibles, y no como una tragaperras, dónde los resultados son aleatorios, y las probabilidades están en tu contra.

Para hacer marketing con un propósito, necesitamos observar dos elementos esenciales:

1. ¿Cuál es el propósito de tu anuncio?
2. ¿En qué se centra tu anuncio?

Cuando les pregunto a dueños de negocios cual es el propósito de su anuncio, suelo recibir una lista como esta:

- Branding
- Darme a conocer
- Que las personas conozcan mis productos y servicios
- Conseguir ventas
- Conseguir que las personas pidan un presupuesto

Todas son muy diferentes y no es posible conseguir todo esto con un solo anuncio. Al estilo típico de las pequeñas empresas, intentan sacar todo lo posible de su dinero. Pero al intentar hacer demasiado, al final no consiguen ninguno de sus objetivos.

Mi regla general es un anuncio, un objetivo. Si hay algo en el anuncio que no te está ayudando a conseguir ese objetivo, sobra del anuncio y tienes que quitarlo. Esto incluye las cosas sagradas como el nombre y logo de tu empresa. El espacio de publicidad es valioso y estas cosas ocupan sitio importante en el espacio de tu anuncio, normalmente restando importancia al mensaje en vez de aumentarlo.

En vez de vender directamente con tu anuncio, solo invita a los posibles clientes a mostrar interés. Esto baja la resistencia y te ayuda a crear una base de datos de marketing—una de las ventajas más valiosas de tu empresa.

Una vez que tu objetivo esté claro, necesitas comunicárselo a tu audiencia. ¿Qué es exactamente lo que quieres que hagan a continuación? ¿Visitan tu sitio web para solicitar una muestra gratuita? ¿Programan una llamada con alguien de tu equipo? ¿Descargan un recurso gratuito? Tienes que ser bastante claro con la acción—no tener algo muy difuso como "no dudes en contactar con nosotros."

Tienes que ser claro con lo que quieres que hagan a continuación y lo que recibirán a cambio. Además, dales múltiples formas de completar la acción. Por ejemplo, si la llamada a la acción es ver una demostración de tu producto, bríndales la posibilidad de ver un video por sí mismos o que alguien de tu equipo les dé una demostración guiada. Personas diferentes tienen preferencias diferentes cuando hablamos de la modalidad de la comunicación. Si les das múltiples formas de respuestas, pueden elegir la que les hace sentir más cómodos.

¿Has ido alguna vez a una fiesta y has estado sentado al lado de alguien que pasa toda la noche hablando de sí mismo? Cansa rápido. Le sonríes y gesticulas de manera educada pero no paras de pensar en otras cosas, y la salida llama tu atención.

Similarmente, la mayoría de la publicidad de las pequeñas empresas se centra en ellas mismas. En vez de hablar de las necesidades y problemas de los posibles clientes, se centra en auto engrandecimiento. El logo y el nombre destacado, la larga lista de servicios, las declaraciones de ser el mejor proveedor de ese producto o servicio. Todas estas cosas están gritando "¡mírame a mí!"

Desafortunadamente, estás en un mercado muy lleno, con todos gritando lo mismo y al mismo tiempo, se hace inaudible. En contraste, el marketing de respuesta directa se centra más en las necesidades, pensamientos y emociones del mercado objetivo. Haciendo esto, entras en la conversación que ya está teniendo lugar en la mente de tu cliente ideal. Resonarás a un nivel más profundo con tu posible cliente, y tu anuncio destacará entre el 99% de los demás que sólo están gritando y hablando de sí mismos.

No dejes que tu publicidad sea el equivalente a ese tipo de la fiesta que no para de hablar de sí mismo toda la noche mientras que su público desinteresado busca una salida. También, no dejes nada a la suerte. Tienes que saber exactamente lo que quieres que consiga tu anuncio y los pasos exactos que quieres que tomen tus posibles clientes.

Desarrollar una Propuesta de Venta Única

Muchas pequeñas empresas no tienen razón para existir. Quita su nombre y logo de su sitio web o demás material de marketing, y nunca sabrás quienes son. Podrían ser cualquier otro negocio en su industria. Su razón de existir es sobrevivir y pagar las facturas del dueño quien, normalmente, solo llega a fin de mes, o ni eso.

Desde la perspectiva de un cliente, no hay ninguna razón de peso para comprar sus productos y consiguen ventas simplemente porque están ahí. Hay muchas empresas así de venta al por menor. Las únicas ventas que consiguen son por tráfico aleatorio. Nadie las está buscando. Nadie desea activamente lo que ofrecen y si no estuvieran ahí, nadie las echaría de menos. Duro pero cierto.

El problema es que su negocio es otra empresa de "yo también." ¿Cómo decidieron el precio? ¿Cómo decidieron el producto? ¿Cómo decidieron el marketing? Normalmente, la respuesta es que miraron la competencia más cercana e hicieron lo mismo o casi lo mismo que ellos. No me malinterpretes, no hay nada malo en copiar algo que ya funciona. De hecho, es algo muy inteligente. Sin embargo, es posible que la competencia que están copiando esté en la misma situación que ellos—luchando por seguir en el negocio pero sin ninguna razón de peso para comprar su producto. Basaron las decisiones importantes de su negocio en suposiciones y en lo que hace la competencia mediocre. Igual que ciegos guiando a ciegos.

Después de torturarse una temporada—ganando el dinero justo para sobrevivir pero no para vivir bien—muchas de estas empresas, finalmente, deciden "intentar hacer marketing."

Así que empiezan a promocionar su empresa de "yo también" con el igualmente aburrido mensaje de "yo también." Como era de esperar, eso no funciona. Cualquier ganancia de ventas adicionales, normalmente, ni siquiera cubren los gastos de marketing.

Te cuento una cosa: la posibilidad de que hagas tu marketing perfecto—una combinación de mensaje a mercado y medios—la primera vez es muy pequeño. Hasta incluso un experto en marketing te diría que casi nunca lo hacen perfecto a la primera. Hacen falta varios intentos. Hace falta probar y medir para conseguir la combinación perfecta de mensaje a mercado y medios.

Pero estos dueños no se pueden permitir el tiempo, el dinero y el esfuerzo para hacerlo bien. Y peor aún, con una oferta de "yo también" no tienen esperanza alguna.

Piensa en el marketing como un amplificador. Aquí tienes un ejemplo. Le dices a una persona lo que haces, y no se emociona. Intentas decirles a diez personas lo que haces, y ellos tampoco se emocionan. Si amplificas este mensaje a través de marketing y se lo cuentas a 10.000 personas, ¿qué te hace pensar que el resultado va a ser diferente?

Si no has dejado claro en tu cabeza por qué tu empresa existe y por qué la gente debería comprarte a ti en vez de a tu competencia, el marketing va a ser una lucha cuesta arriba.

Tienes que desarrollar tu **propuesta de venta única** (pVu). Aquí es donde muchas personas se atascan. Dicen algo como "yo vendo café. No hay nada único en eso."

¿En serio? Entonces, ¿por qué no estamos todos comprando nuestro café a $1 de la tienda de la esquina? ¿Por qué hacemos cola para gastar $4 o $5 para comprar nuestro café de un hípster que tiene pinta de necesitar una buena ducha? Piénsalo. Normalmente pagas un 400% a 500% más por un producto básico.

Piensa en el agua—uno de los productos básicos más abundantes de la tierra. Pero cuando lo compras en botella en una tienda o máquina expendedora, pagarías sin quejarte un precio 2.000 veces más alto comparado con sacarlo del grifo en tu casa.

Verás que el producto no ha cambiado en los dos ejemplos, pero las circunstancias y cosas que rodean ese producto, o en la forma que se envasan y entregan sí.

El objetivo de tu pVu es contestar a esta pregunta: **¿Por qué debería comprarte a ti en vez de a tu competencia?**

Otra buena prueba es: si quitas el nombre y el logo de la empresa del sitio web, ¿la gente seguiría sabiendo que eres tú o podría ser cualquier otra empresa en tu industria?

Las personas se equivocan cuando crean su pVu porque dicen que la "calidad" o los "buenos servicios" es su pVu. Hay dos cosas equivocadas en esto:

1. La calidad y buen servicio son expectativas; solo son parte de un buen negocio—no algo único.
2. Las personas solo descubren tu calidad y buen servicio **después** de haber comprado. Un buen pVu está diseñado para atraer a clientes **antes** de que tomen una decisión de compra.

Sabes que estás promocionando tu negocio como un producto básico cuando los clientes empiezan por preguntarte el precio.

Posicionarte como algo básico y, así, que la gente compre solo por los precios, es una posición terrible para el dueño de un pequeño negocio. Es devastador y esta carrera hacia abajo suele acabar con lágrimas.

La respuesta es desarrollar una propuesta de venta única. Algo que te pone en una posición diferente, para que los posibles clientes se vean obligados a ver la diferencia cuando te comparan con la competencia.

Si no pueden ver la diferencia entre tú y tu competencia, todo llevará al precio, y entonces estás acabado. Siempre hay alguien dispuesto a vender más barato que tú.

No Hay Nada Más Para Descubrir

Muy pocas empresas o productos son realmente únicos, así que la pregunta más común es: "¿Si no hay nada único en mi empresa, cómo desarrollo un pVu?"

Hay dos preguntas que les hago a mis clientes cuando desarrollan su pVu. Contestar estas dos preguntas es el camino hacia el éxito de marketing y financiero de tu empresa.

Las dos preguntas que debes hacerte y responder son:

1. ¿Por qué deben comprar?
2. ¿Por qué deben comprarme a mí?

Estas son preguntas para las que deberías tener respuestas claras, concisas y cuantificables. No tonterías como "somos los mejores" o "tenemos la mejor calidad."

¿Cuál es la ventaja única que estás ofreciendo? La originalidad no tiene que estar en el producto en sí. De hecho, es justo decir que existen muy pocos productos únicos. La originalidad puede estar en la manera en que está envasado, entregado, apoyado o vendido.

Tienes que posicionar lo que haces de tal manera que incluso si tu competencia opera enfrente de ti, los clientes cruzarían la carretera para hacer negocios contigo en vez de con ellos.

Hazlo bien, y puede que incluso hagan fila por la noche para hacer negocios contigo en vez de con tu competencia, como hacen con los productos de Apple.

Meterte en la Mente del Posible Cliente

Queremos meternos en la mente del posible cliente. ¿Qué quiere? Rara vez son las cosas que vendes; suele ser el resultado de la cosa que estás vendiendo.

La diferencia puede ser sutil, pero es enorme.

Por ejemplo, alguien que compra un reloj en $50 está comprando algo muy diferente a alguien que compra un reloj en $50,000. En el segundo caso, están comprando estatus, lujo y exclusividad. Claro, quieren saber qué hora es, al igual que el comprador del reloj de $50, pero de seguro esa no es su motivación principal.

Así que, para entrar en la mente del cliente, necesitamos descubrir cuál es el resultado que están comprando. Una vez que entiendas esto, necesitas crear tu propuesta de venta única basada en el resultado que tus clientes quieren obtener.

Por ejemplo, si tienes una imprenta, eres un negocio de necesidad básica. Tienes que salir de este negocio lo antes posible. No quiero decir que de la industria, pero tienes que cambiar cómo te posicionas.

Deja de vender tarjetas de visita, panfletos e impresos y empieza a hacer preguntas abiertas, como, "¿por qué vienes a una imprenta? ¿Qué quieres lograr?" El cliente no quiere tarjetas de visita y panfletos. Quiere lo que cree que las tarjetas de visita y panfletos harán para su negocio.

Así, puedes sentarte con ellos y decir, "¿Qué quieres conseguir? Vamos a hacer una evaluación de imprenta y evaluar todas las cosas por las que quieres usar la imprenta." Al guiarlos a lo largo del proceso, podrás cobrarles por la evaluación. Después, si te acaban contratando para crear sus impresos, puedes añadir una carga de consulta a su factura. De esta manera, ya no solo te verán como una imprenta. Ahora te ven como un experto de fiar que les ayuda con sus necesidades.

Si Los Confundes Los Pierdes

Entiende que tu posible cliente tiene esencialmente tres opciones:

1. Comprarte a ti
2. Comprarle a tu competencia
3. No hacer nada

Puedes pensar que tu competencia es tu mayor problema, pero en realidad, es más probable que sea una lucha contra la inercia. Así, antes necesitas contestar la pregunta de por qué deberían comprarte a ti.

Vivimos en una época donde los matices no reciben mucha atención. Los titulares y el contenido rápido en las redes sociales nos inundan con miles de mensajes cada día. La importancia de crear tu mensaje de una manera comprensible y que llame la atención de inmediato, nunca ha sido más importante.

¿Puedes explicar tu producto y el beneficio único que ofrece en una frase corta?

Tienes que entender un concepto muy importante: la confusión lleva a la pérdida de ventas. Especialmente cuando tienes un producto complejo. Muchos dueños de empresas creen erróneamente que un cliente confundido buscará clarificación o los contactarán con ellos para más información. Esto no puede estar más lejos de la verdad. **Cuando los confundes, los pierdes.**

Las personas tienen demasiadas opciones e información atacándolas constantemente, y pocas veces tienen la motivación para seguir con un mensaje que les confunde.

Cómo Ser Increíble Cuando Vendes Algo Básico

¿Cómo cobras precios altos por tus productos y servicios mientras tus clientes te dan las gracias por ello? En resumen, siendo increíble.

Cuándo se da esta respuesta, la primera cosa que dicen muchos dueños de negocios es "más fácil decir que hacer." Quizás esto es porque, siendo increíble evoque visiones de ser inalcanzablemente único o creativo—algo que hacen los que tienen talento.

El dueño de la cafetería dice, "Yo solo vendo café. ¿Cómo puedo ser increíble?" Esto provoca una pregunta común: ¿Cómo puedes ser increíble cuando vendes algo básico?

Vamos a ver algunos ejemplos.

Cuando hablo de ser increíble, no necesariamente quiero decir que el producto o servicio que vendes sea único. Ni mucho menos. De hecho, ser único es un lugar peligroso, difícil y caro. Sin embargo, tienes que ser diferente. ¿Cómo puede un dueño de cafetería ser diferente? Mira esto:

¿Cuánto más costó servir arte con este café? Casi cero, me imagino. Quizás algo de formación para el camarero y un par de segundos más por taza.

¿Pero a cuántas personas se la va a contar el cliente o, mejor, traer para enseñárselo? ¿Podría el dueño cobrar 50¢ más por taza que la cafetería al otro lado de la calle? Por supuesto. Esos son 50¢ de beneficio puro multiplicado por cientos de miles de tazas por año directo al balance final.

Pero, ¿es el producto único? ¡Ni por asomo! Solo es un poco diferente—lo suficiente para ser increíble.

Aquí hay otro ejemplo. Muchos sitios de e-commerce mandan el mismo mensaje de confirmación aburrido cuando compras algo de su sitio. Algo parecido a "Su pedido ha sido enviado. Aquí tiene su enlace de seguimiento. Gracias por su compra."

Pero mira como cd Baby creó una experiencia única para el cliente y una oportunidad de marketing viral para ellos, en vez del típico email de confirmación aburrido:

Tu CD ha sido cuidadosamente sacado de las estanterías de CD Baby con guantes esterilizados y libres de contaminación, y puesto sobre un cojín de satén.

Un equipo de 50 empleados inspeccionó tu CD y lo limpiaron para asegurar que estuviera en las mejores condiciones posibles antes de enviarlo.

Nuestro especialista de envasado Japonés encendió una vela, y el silencio cayó sobre todos mientras puso tu CD en la mejor caja con bordes dorados que se puede comprar.

Tuvimos una magnífica celebración después, y todos fuimos por la calle hasta la oficina de correos, donde el pueblo entero de Portland gritó "¡Bon Voyage!" a tu paquete, de camino hacia ti, en el avión privado de CD Baby en el día de hoy, viernes 6 de Junio.

Espero que te hayas divertido comprando con CD Baby. Nosotros sí. Tu foto está en nuestro muro del "Cliente de Año." Estamos todos exhaustos pero con ganas de que vuelvas a CDBABY.COM!!

Este email de confirmación de pedido se ha innumerables veces. Derek Sivers, el fundador de cd Baby, declara que este increíble mensaje es la razón por la que se han creado miles de nuevos clientes.

Otra vez, no hay nada único en el producto, pero la transformación de algo normal y aburrido hace sonreír al cliente y crea un marketing viral para el negocio.

Aquí hay otro ejemplo de la industria de productos básicos altamente competitivos—la electrónica:

Cuando Apple lanzo su reproductor de música legendario, el iPod, podían haber hablado de la capacidad de almacenamiento de 5Gb u otras características técnicas, como todos los demás creadores de reproductores de música hacían. Pero en vez de eso, ¿cómo lo promocionaron?

"1000 canciones en tu bolsillo"

¡De genios! 5Gb no significa nada para muchos consumidores. Ni tampoco un montón de jerga técnica, pero "1000 canciones en tu bolsillo"—cualquiera puede entender eso en un instante además de los beneficios que ofrece.

El iPod no fue el primer reproductor de música en el mercado, ni el mejor, pero si el que tuvo más éxito por su habilidad de explicar de manera rápida y sencilla las razones por lo que había que comprarlo.

Fíjate, en los tres ejemplos, el producto que está a la venta es un producto básico y lo que lo hace increíble es algo completamente secundario a lo que estás comprando.

Aun así, el vendedor puede pedir un precio Premium, y así lo hace, porque están vendiendo una experiencia increíble. No solo está el cliente dispuesto a pagar más pero también ayuda al vendedor recomendando su producto o servicio. ¿Por qué? Porque todos queremos compartir las cosas y experiencias increíbles.

¿Qué puedes hacer en tu negocio que sea increíble? Aclarar esta duda tendrá un impacto enorme en el éxito de tu negocio.

El Precio Más Bajo

A veces me preguntan, "¿No puede un precio más bajo ser mi pVu?" Claro que sí, pero, ¿puedes garantizar de manera absoluta que tus precios serán más bajos que toda tu competencia, incluyendo las empresas enormes como Wal-Mart? Lo dudo.

Siempre hay alguien más dispuesto a acabar con su negocio que tú. Te sugiero que no juegues a ese juego.

Una pVu que promete los precios más bajos en algunas cosas, algunas veces, no llama tanto la atención.

La verdad es que, si eres una pequeña o mediana empresa, es improbable que puedas ganar a las empresas grandes en el juego del precio más bajo.

Sinceramente, es mejor que no lo hagas. Con precios más altos, atraes a clientes de más calidad. Por muy contradictorio que parece, tienes muchos menos problemas con clientes de calidad que con clientes peores. Esto lo he visto y vivido en diferentes negocios en diferentes industrias.

Una mejor opción que descontar es incrementar el valor de lo que estás ofreciendo. Metiendo bonos, añadiendo servicios, personalizando soluciones, pueden añadir valor para tu cliente pero te costará muy poco hacerlo.

También te ayuda a crear esa comparación imposible que te saca del juego de los productos básicos.

No odies al jugador; odia el juego. Así que, por muy difícil que sea resistir, no juegues el juego de los productos básicos/precio. Desarrolla tu pVu, se constante con ello y haz que las personas con quien tratas jueguen a tú juego.

Crea Tu Elevator Pitch

Como dueño de un negocio, poder expresar brevemente qué problema puedes solucionar es un arte en sí, especialmente si estás en un negocio complejo.

Una buena manera de destilar tu pVu es creando un "elevator pitch." Un elevator pitch es un resumen conciso y bien ensayado de tu negocio y su propuesta de valor, que se puede entregar en el tiempo que dura un viaje en ascensor, dicho de otra manera, en 30 a 90 segundos.

Sí, es hortera y puede que ni lo uses mucho como un elevator pitch, pero te ayudará a aclarar tu mensaje y pVu. Esto será extremadamente valioso cuando llegues a crear tu oferta, que veremos dentro de poco.

Los 30 segundos que siguen a la pregunta, "¿En qué trabajas?" son donde más oportunidades de marketing se malgastan. La respuesta es casi siempre enfocada hacía uno mismo, difuso y sin sentido.

Aquí es donde la mayoría contestan con el título más prestigioso que pueden, ya que sienten que el juicio de la persona que hace la pregunta depende de la respuesta. "Yo soy técnico de gestión residual," contesta el basurero.

Una vez pregunté a una mujer en qué trabajaba y me contestó, "Soy constructora senior de eventos." No tenía ni idea de lo que hacía y, después de algunas preguntas más, finalmente entendí que orden-aba los asientos en estadios para conciertos y eventos grandes.

Mientras que es verdad que algunas personas superficiales juzgan la valía de una persona por su trabajo o sector de negocios, hay una mejor forma de contestar a esta pregunta—una que no requiere que busques sinónimos para agrandar u ofuscar lo que haces en realidad.

La próxima vez que alguien te pregunte en qué trabajas, es tu momento para entregar tu elevator pitch. Es el momento perfecto para expresar tu mensaje de marketing de manera regular y en situ-aciones diferentes.

Obviamente, no quieres parecer un vendedor prepotente y agre-sivo, así que es importante estructurar tu elevator pitch bien. La mayoría de elevator pitches sufre el mismo problema que los títu-los de trabajos agrandados. Deja al receptor confundido o pensando, "menudo imbécil" en vez de conseguir impresionarles.

El mal marketing está centrado en el producto y en el negocio. **El buen marketing, especialmente marketing de respuesta directa, siempre se centra en el cliente y en el problema/solución**, y eso es exactamente como queremos que sea nuestro elevator pitch. Quere-mos que nos recuerden por los problemas que solucionamos en vez de un título o negocio impresionante pero incomprensible.

El buen marketing lleva al cliente en un viaje que cubre el prob-lema, la solución y, finalmente, las pruebas. Tu elevator pitch no debería de ser diferente.

Y, ¿cómo comunicas estas tres componentes en unos 30 segun-dos? La mejor fórmula que yo he visto es:

¿Conoces [problema]? Bueno, lo que hacemos es [solución]. De hecho, [prueba].

Aquí tienes algunos ejemplos:

Venta de Seguros: "¿Sabes que muchas personas nunca miran lo que cubre su seguro cuando cambian sus circunstancias? Bueno, lo que yo hago es ayudar a las personas a estar tranquilas, asegurando que su cobertura siempre vaya acorde a sus circunstancias actuales. De hecho, hace una semana robaron a un cliente mío, pero pudo recuperar el coste total de las pertenencias que perdió porque su seguro estaba actualizado."

Ingeniero Eléctrico: "¿Sabes cuándo hay cortes de energía que estropean sistemas críticos de grandes empresas? Bueno, lo que hago yo es instalar sistemas de energía de seguridad para empresas que dependen de tener un flujo continuo de potencia para sus operaciones. De hecho, instalé el sistema en el Banco XYZ, resultando en un 100% de rendimiento desde que se instaló el sistema."

Desarrollo de Páginas Web: "¿Sabes que muchos de los sitios web de las empresas están anticuados? Bueno, lo que hago yo es instalar software que facilita a las personas actualizar sus sitios webs, sin la necesidad de pagar a un diseñador cada vez. De hecho, instalé el software para uno de mis clientes recientemente, y se ahorraron $2,000 al año en costes de desarrollo web."

Esto te da una formula fiable para crear tu elevator pitch mientras te centras en el cliente/problema en vez de en ti/producto.

Crear Tu Oferta

Esta parte es esencial, y aquí es donde a muchas personas les entra la vagancia y ofrecen algo aburrido, descontando precios o copiando lo que hace su competencia más cercana.

Recuerda, si no le das a tu mercado objetivo una razón de peso de por qué tu oferta es diferente, volverán al precio siendo el criterio principal para tomar su decisión. Está claro, si el vendedor A está vendiendo manzanas a $1 y el vendedor B está vendiendo lo que parecen ser las mismas manzanas a $1.50, ¿cuáles comprarías basado en la información que tienes a la mano?

Es tu trabajo crear una oferta emocionante y totalmente diferente a la de tu competencia.

Dos buenas preguntas que puedes contemplar mientras estás creando tu oferta son:

1. De todos los productos y servicios que ofreces, ¿en cuál tienes más confianza para usar? Por ejemplo, si solo te pagaran cuando el cliente obtiene su resultado deseado, ¿qué producto o servicio

ofrecerías? Dicho de otra manera, ¿qué problema estás seguro de que podrías solucionar para alguien de tu mercado objetivo?

2. De todos los productos y servicios que ofreces, ¿con cuál disfrutas más?

Algunas otras preguntas que te pueden ayudar a crear tu oferta incluyen:

- ¿Qué está realmente comprando mi mercado objetivo? Por ejemplo, no compran seguros, compran tranquilidad.
- ¿Cuál es el beneficio más grande para empezar la oferta?
- ¿Cuáles son las mejores palabras y frases que llamarán y mantendrán la atención de este mercado?
- ¿Qué objeciones tienen mis posibles clientes y como los puedo solucionar?
- ¿Qué oferta descabellada (incluyendo garantía) puedo hacer?
- ¿Hay una historia intrigante que puedo contar?
- ¿Quién más está vendiendo algo similar a mi producto y servicio, y cómo lo venden?
- ¿Quién más ha intentado vender algo similar en este mercado objetivo, y cómo han fracasado en el intento?

Una de las razones principales para el fracaso de campañas de marketing es porque no están bien pensadas. La oferta es mala y poco emocionante como un descuento del 10 o 20%.

La oferta es una de las partes más importantes de tu campaña de marketing, y necesitas usar mucho tiempo y energía para estructurarla correctamente.

¿Qué Quiere Mi Mercado Objetivo?

Poniendo las cosas correctas delante de las personas equivocadas o las cosas equivocadas delante de las personas correctas es el primer error de marketing cometido por dueños de pequeñas empresas.

Por eso el primer, y más importante, cuadro del Plan de Marketing de 1-página es para identificar un mercado objetivo específico para nuestro trabajo de marketing.

Ahora que tenemos lo básico, tenemos que estructurar una oferta que emocionará al mercado objetivo. Uno que les hará sacar la cartera y que destacará por encima de las ofertas aburridas de nuestra competencia.

Uno de los métodos más fáciles de descubrir lo que quieren tus posibles clientes es simplemente preguntándoles. Puedes hacer una encuesta o una investigación de mercado más formal.

También cabe destacar que la mayoría de las personas no saben lo que quieren hasta que lo ven. Además, cuando las personas hacen encuestas o responden a investigaciones de mercado, lo hacen con lógica; **pero, las compras se hacen con las emociones y son justificadas con lógica después del hecho.** Así que, tienes que complementar el preguntar con el observar.

Si le preguntaras a las personas lo que buscan en un auto de lujo, recibirías respuestas lógicas (y falsas o semi-falsas) como calidad, fiabilidad, confort. En realidad, lo que realmente buscan es estatus.

Una cita atribuida a Henry Ford lo dice bien: "Si hubiera preguntado a la gente lo que querían, tendrían caballos más rápidos."

Una de las formas que yo recomiendo para investigar el mercado es analizar lo que realmente está comprando o buscando tu mercado objetivo.

Mira los productos y categorías más buscadas de sitios como Amazon.

Descubre lo que la gente está buscando en línea utilizando una herramienta de palabras clave de motores de búsqueda.

Por último, mira que temas son populares en las redes sociales y sitios de noticias de tu industria. ¿Sobre qué comentan y reaccionan las personas?

Usar estas herramientas es como entrar en la consciencia global y te dará una buena idea de los productos más populares, y de lo que habla y piensa la gente.

Crear Una Oferta Irresistible

Ahora que sabes lo que quiere tu mercado, necesitas empaquetarlo y presentarlo como una oferta irresistible. Aquí hay algunos elementos esenciales:

Valor: primero tienes que pensar, ¿cuál es la cosa más valiosa que puedes hacer por tu cliente? ¿Cuál es el resultado que les lleva del A al B por el que les puedes guiar mientras obtienes un beneficio?

Esto es el punto decisivo de tu oferta.

Lenguaje: si no eres miembro de tu mercado objetivo, tienes que aprender el lenguaje y jerga que este mercado usa. Si vas a vender bicicletas BmX, tienes que hablar de "piques," "caballitos chulos" y "salto de conejo," no de características, beneficios y especificaciones. Si vendes palos de golf, tienes que hablar de "ganchos," "slices" y "hándicaps."

Razón: cuando tienes una oferta genial, tienes que justificar el por qué lo estás haciendo. La gente está tan acostumbrada a ser timada que cuando alguien hace una oferta fuerte y llena de valor, se vuelven escépticos y buscan el truco.

Yo he experimentado esto personalmente en una de mis empresas cuando ofrecíamos un servicio mucho mejor y a mitad de precio que nuestra competencia. Las personas nos llamaban para enterarse de la oferta publicada en el sitio web y preguntar dónde estaba el truco.

No sugiero que te inventes razones para tu oferta, pero ten lista una razón de peso del por qué estas ofreciendo una ganga tan genial; por ejemplo, limpieza de stock vieja, inventario dañado, demasiado stock, cambio de oficina o almacén, etc.

Añadiendo valor: añadir muchos regalos hace que tu oferta sea mucho mejor. Es una táctica muy inteligente y puede incrementar tus conversiones drásticamente. De hecho, yo voto por hacer que los regalos tengan más valor que la oferta principal cuando sea posible. Los infomerciales hacen esto muy bien. "Doblaremos tu oferta"; "Eso no es todo..."; etc.

Ofertas Adicionales: cuando tu cliente está listo y pensando en comprar, es el momento perfecto para añadir un producto o servicio complementario. Es la oportunidad perfecta de añadir un producto de alta calidad, aunque el producto principal que estás vendiendo sea de menos calidad. Son las papas con la hamburguesa, la garantía extendida, la protección de corrosión del auto. Le da un valor añadido al cliente y te da más beneficio por transacción.

Plan de Pago: este es esencial para cosas de alta calidad y puede significar la diferencia entre el cliente saliendo sin comprar o consiguiendo una venta.

Si algo cuesta $5.000, presentarlo como 12 cómodos pagos de $497 hacen que sea más fácil de digerir. Las personas suelen pensar en sus gastos mensuales y $497 al mes suena mucho mejor que $5.000 de una vez.

Además, fíjate que 12 x $497 suma más de $5.000. De hecho, suma casi $6.000. La primera razón para hacerlo así es para cubrir tus gastos si estás financiando una venta.

También, quieres incentivar a las personas que puedan pagarlo de una vez "recibiendo" un descuento por pagar el precio total.

Garantía: como hemos visto antes en este capítulo, necesitas una garantía increíble. Una que elimine por completo el riesgo de hacer negocios contigo. Las personas han sido decepcionadas tantas veces que no se fían de ninguna declaración que hagas. No es nada personal. Pero es así. Necesitas hacer que tratar contigo sea completamente libre de riesgo, o por lo menos que el riesgo sea tuyo si fracasas en lo que prometes. "Satisfacción garantizada" es una expresión débil e inefectiva.

Escasez: tu oferta tiene que tener un elemento de escasez, una razón por lo que las personas tienen que responder inmediatamente. Las personas responden más al miedo de perder que a la posibilidad de ganar. Sin embargo, otra vez, necesitas una buena razón del por qué existe esa escasez, ya que no quieres mentir con tus declaraciones.

Tienes stock limitado, tiempo limitado, recursos limitados. Usa esto en tu provecho en tu marketing. Si tienes poco tiempo o stock disponible, esto puede crear la sensación de miedo a perder una buena promoción.

Como has visto, hay muchos componentes para crear una oferta llamativa. Tomar el camino fácil y vago del "10% de descuento" u otras ofertas malas es lo mismo que tirar tu dinero a la basura.

Toma tu tiempo para crear una oferta llamativa. Tu tasa de conversión crecerá al igual que tus ingresos.

Enfoca el Dolor

Tienes un mal dolor de cabeza. Abres el armario y empiezas a buscar entre tu museo de pastillas, cremas y vitaminas sólo para darte cuenta de que no te queda ningún analgésico. Así que sales corriendo a la farmacia más cercana con la esperanza de conseguir las pastillas que te van a dar el alivio del dolor que necesitas.

¿Te preocupas por el precio? ¿Si quiera pasa por tu cabeza buscar a ver si puedes encontrar el mismo producto más barato en otra farmacia? Seguro que no. Te duele, necesitas alivio inmediato. Aunque las pastillas tuvieran el doble o triple del precio normal, probablemente las hubieras comprado igual.

La forma normal de comprar se va a pique cuando sentimos dolor. Esto también es cierto para tu clientes y posibles clientes. Muchas veces, las empresas hablan de las características y beneficios en vez de hablar del dolor que ya siente el cliente. ¿Cuánto tiene que hacer un farmacéutico para convencer a alguien con un dolor de cabeza terrible para que compre analgésicos? Creo que muy poco. Es igual si vendes televisiones, autos o consultorías. Tienes clientes y posibles clientes que sienten dolor. Quieren un alivio, no características y beneficios. Si me estás vendiendo una televisión, puedes intentar venderme las características y beneficios como los cuatro puertos de HDMI y la resolución 8k. Esto significa poco para muchos. Imagina enfocarte en mi punto de dolor, o sea, llevarlo a casa, desempaquetarlo y pasar una gran cantidad de horas intentando que funcione bien con todos mis dispositivos.

En vez de descontar el precio y posicionarte como un producto básico, ¿por qué no ofreces llevarlo a mi casa, montarlo en la pared, asegurarte que la imagen está espectacular y de que funciona perfectamente con todos mis dispositivos?. Ahora estás aliviando mi dolor, y el precio se hace más irrelevante que si me estás vendiendo sólo un producto con su lista de características y beneficios.

En el ejemplo de arriba, aunque estás vendiendo la misma televisión que tu competencia, si lo entregas de una manera que me quite el dolor, has ganado mi compra. También es más probable que me convierta en un fan y te recomiende a más personas porque no fuiste un vendedor básico. Solucionaste un problema. Ahora ya no hay comparación. ¿Cómo puedes comparar eso con "tiene cuatro puertos HDMI y resolución 8k"?

Vender características y beneficios es la mejor manera de hacer que tus clientes se fijen en el precio y vean tu producto como algo básico que se compra solo por el precio. Tu objetivo es solucionar problemas y aliviar el dolor, además de eliminar cualquier tipo de comparación que pueden hacer con tu competencia. Recuerda, las personas están más dispuestas a pagar por la cura en vez de la prevención. Enfocar dolor existente en vez de placer futuro puede resultar en conversiones más altas, con satisfacción más alta del cliente y menos resistencia al precio. Busca puntos de dolor en tu industria y conviértete en un analgésico.

Redacciones Para Ventas: No Puedes Aburrir Para Conseguir Ventas

Casi ninguna otra aptitud va a recompensar tanto como la habilidad de escribir palabras convincentes. Poder articular de manera clara el por qué un cliente debería comprarte a ti y no a tu competencia, de una manera que crees emoción y les motives a la acción, es una habilidad maestra del marketing.

Antes, hablamos un poco del hecho que el marketing de respuesta directa utiliza técnicas de redacción muy diferentes. En marketing de respuesta directa, usamos contenido que está diseñado para tocar los botones emocionales del público objetivo.

En vez de usar contenido que suena convencional, aburrido y "profesional", usamos contenido que es como un accidente de auto— por mucho que no quieras, no puedes evitar mirar.

Redacciones emocionales de respuesta directa usan títulos que llaman la atención, contenido para venta y llamadas de atención convincentes. Lo que se conoce como "el arte de vender en texto."

Muchas empresas, especialmente aquellas que venden productos o servicios a clientes profesionales u otras empresas, piensan que este tipo de contenido no es apropiado para su mercado. Y mientras es cierto que deberíamos personalizar nuestro enfoque en este mercado (como haríamos con cualquier mercado), sería un error muy grande descontar redacciones emocionales de respuesta directa.

Si eres el CEO de una empresa Fortuna 500 o un conserje, todos tenemos sentimientos, y nuestras decisiones de compra se hacen con las emociones y luego se justifican con lógica. "Cariño, he comprado ese Porsche 911 por la seguridad y los autos alemanes son muy fiables." Sí, claro.

Muchas veces, cuando conozco a dueños de negocios en persona, descubro que su personalidad es completamente diferente a la personalidad que muestran en su marketing. Sinceramente, muchos no muestran personalidad en su marketing porque creen que tienen que aparentar ser "profesional." A menudo, su marketing es aburrido y genérico, y si cambiaras su logo y nombre de su material de marketing, podría ser cualquiera en su industria. Es una pena porque si se comunicasen igual en su marketing que en la vida real, tendrían mucho más éxito.

Cuando les conoces en persona, estas personas suelen ser inteligentes, interesantes y apasionados de su trabajo, pero, en su material de marketing y su contenido de venta, se quedan paralizados. De repente, intentan parecer "profesional" y empiezan a usar palabras y frases que normalmente jamás usarían en una conversación. Ya sabes de qué tipo de palabras y frases te hablo: "productos pedigrí," "sinérgico," "alineación estratégica" etc. Palabras que no usarían en una conversación con amigos o socios.

La verdad es que las personas les compran a personas, no a empresas. Crear relaciones y compenetración se entiende bien en el mundo de ventas cara a cara; sin embargo, por alguna razón, cuando se trata de la posición de hacer marketing, muchos dueños de empresas creen que necesitan dejar de lado su personalidad y comportarse como corporación anónima. La creación de contenido es el arte de la venta en texto. Tienes que escribir tus redacciones de venta como si estuvieras hablando con una persona.

Usar contenido de venta monótono, aburrido y "profesional," es la forma más rápida de perder el interés de tus clientes y posibles clientes. Clichés sin sentido y declaraciones de ser el mejor proveedor en tu categoría te hacen parecer una empresa de "yo también." Este tipo de empresa llama la atención de los clientes más bajos en el denominador común, quienes compran basándose en el precio, ya que no hay nada que te diferencia de los demás.

Las personas adoran la autenticidad, la personalidad y la opinión. Aunque no estén de acuerdo contigo, te respetarán por ser sincero. Ser tú mismo y demostrar tu personalidad te ayudará a destacar entre el mar de monotonía y similitud. Solo mira uno de los formatos más consistentes de las noticias—la cabeza parlante del telediario. ¿Por qué gastar un alto porcentaje de tiempo en directo con la cara del presentador? Usar solo su voz en off significaría mucho más contenido y metraje visual de las noticias. Sin embargo, la razón por la que se asigna tanto tiempo al presentador hablando es porque da personalidad a temas aburridos. También da autoridad y parece como una conversación en persona con una fuente fiable. Las personas responden a imágenes y videos de otras personas. No es casualidad que las mayores propiedades de medios en línea del mundo se basen en contenido generado por usuarios. Estamos muy interesados en lo que los demás hacen y dicen.

Puedes aprovechar esto en tu negocio. Un ejemplo sería añadir un video a tu página web. Puede ser tan sencillo como una cabeza parlante de ti, describiendo tus productos y servicios, que puedes grabar y subir en cuestión de cinco minutos con una cámara o Smartphone. Otro ejemplo sería usar las redes sociales como vía de comunicación con tus clientes y posibles clientes. Con hacer estas dos cosas, crearás conexiones más profundas porque estás añadiendo personalidad a tu negocio.

No uses tu material de marketing como una pantalla dónde esconderte. Úsalo para dar opinión, percepción, consejo, comentarios y, sobre todo, sé tú mismo y sé autentico.

Esto creará compenetración y te diferenciará de todo el material de marketing aburrido y soso que te rodea.

La gente abre su correo encima de la papelera y se posicionan encima del botón de borrar cuando leen sus emails. Organizan su correo en dos montones: el primero se abre y se lee y el segundo va a la basura, a veces sin abrir. Las personas quieren algo nuevo, algo entretenido, algo diferente. Cuando les das eso, consigues tener su atención. Cuando tu contenido es "profesional," es aburrido, monótono e ignorado. El hecho es que muchas empresas tienen miedo de mandar contenido que centre la atención en ellos. Tienen miedo de lo que puedan decir sus amigos, familiares, colegas de la industria y otros.

Así que, mandan cartas y anuncios que son tímidos y de "yo también." Cambia el logo y nombre de la empresa, y son básicamente intercambiables con cada una de las empresas de la competencia. Solo hay una opinión que debería preocuparte—la de tus clientes y posibles clientes. Francamente, las demás opiniones, incluyendo la tuya, no deberían importar en lo que pones en tu contenido. Probar y medir las respuestas es la única forma de juzgar si tu contenido es efectivo.

Las masas viven en desesperación silenciosa. Ansían algo que les llame la atención y les entretenga, aunque sea solo un momento. Tu trabajo es dárselo.

Elementos de Buen Contenido

Es increíble como un cambio de palabra o frase puede cambiar de manera drástica la efectividad de un anuncio. Hay algunas palabras muy poderosas y que provocan emociones. Por ejemplo, piensa en estas tres palabras:

1. Animal
2. Pez
3. Tiburón

¿Cuál de estas palabras provoca una respuesta emocional en ti? Sospecho que la última, aunque todas se pueden usar para describir la misma criatura. Los mismo es cierto para las palabras que usas cuando escribes contenido de venta. Algunas palabras provocan respuestas emocionales más fuertes que otras. Aquí hay una pequeña lista de algunas de las palabras más comunes:

- Gratis
- Tu
- Ahorrar
- Resultados
- Salud
- Amor
- Demostrado
- Dinero
- Nuevo
- Fácil
- Seguridad
- Garantizado
- Descubrimiento

El cambio de una palabra en tu título puede alterar drásticamente los resultados que consigues. Recuerda, **las personas compran con las emociones y justifican luego con lógica.** Intentar venderle a su lado lógico con hechos y números es una completa pérdida de tiempo.

Los cinco motivadores del comportamiento humano, especialmente el comportamiento de comprar, son:

1. Miedo
2. Amor
3. Avaricia
4. Culpa
5. Orgullo

Si tu contenido no provoca al menos una de estas emociones, es posible que estés siendo demasiado tímido e inefectivo.

Los títulos son uno de los elementos más importantes en tu contenido. Su trabajo es llamar la atención de tu mercado objetivo y conseguir que empiecen a leer el contenido entero.

El título es básicamente el anuncio del anuncio y debería abarcar el resultado que tu público va a conseguir. Usarás títulos de manera extensiva en tu marketing cuando escribes el asunto de un email, títulos de cartas de venta o títulos de sitios web. Aquí hay algunos ejemplos de títulos de algunas de las campañas de publicidad con más éxito de la historia.

- Se Rieron Cuando Me Senté Junto al Piano—¡Pero Entonces Empecé a Tocar!
- ¿Quién Más Quiere Un Muñeco de Una Estrella de Cine?
- ¡Secreto Increíble Descubierto por Jugador de Una Sola Pierna Que Añade 50 Yardas a Tus Drives, Elimina los Ganchos y Slices y Puede Quitar 10 Golpes de Tu Juego en Una Noche!
- Confesiones de un Abogado Inhabilitado
- ¿Alguna Vez Has Visto a Un Hombre Adulto Llorar?
- Una Carta Abierta a Todas Las Personas de Sobrepeso en Portland
- ¿La Vida de Un Niño Vale $1 Para Ti?
- Cómo un Accidente Extraño Me Salvó de la Calvicie
- Cuando el Gobierno Congela Tu Cuenta Bancaria—¿Entonces Qué?
- Como un "Truco de Tontos" Convirtió a Un Hombre en Vendedor Estrella
- ¡La Mujer de un Actor Famoso Promete Bajo Juramento que Su Nuevo Perfume No Contiene Un Estimulante Sexual Ilegal!
- Los Beneficios Que Se Esconden en Tu Granja
- Probado: ¡Los Médicos Son Más Peligrosos Que Las Pistolas!

¿Ves cómo todos los títulos de éxito y probados de arriba provocan uno o más de los cinco motivadores principales del comportamiento humano?

> **Para una lista de cientos de los títulos con más éxito de la historia de la publicidad, visita 1pmp.com**

El miedo, especialmente el miedo a la perdida, es una de las emociones más efectivas que puedes provocar en tu contenido de venta. Entender cómo ciertas palabras se enlazan con ciertas emociones es algo poderoso.

Muchos se preocupan de que sea muy manipulador. Cómo cualquier herramienta poderosa, puede ser usado para el bien o el mal y, sin duda, hay personas que hacen ambas.

Un cuchillo, en manos de un cirujano, puede salvar una vida o, en manos de un criminal, para quitar una vida. En cualquier caso, necesitamos entender cómo funciona esta herramienta y no podemos pasar por la vida evitando su uso.

Lo mismo es cierto para la redacción de respuesta directa emocional. Es una herramienta poderosa, y no se debe usar de manera no ética.

Si vendes algo con el mejor interés para tu cliente o posible cliente, estás haciendo algo genial usando estas herramientas poderosas. Estás evitando que compren el producto o servicio inferior de otros.

Entra en la Conversación Que Ya Está Ocurriendo en la Mente de Tu Cliente

Todos tenemos una conversación en nuestras mentes, todo el tiempo. A veces, recibe el nombre de "charla interna."

Esa conversación va a ser muy diferente para una mujer embarazada que para un jubilado. O para un fanático del gimnasio y una persona vaga. Esto es la razón por lo que es tan importante conocer bien a tu mercado objetivo.

Una provocación emocional para un tipo de público objetivo no causará nada para otro tipo de público. Redacciones de respuesta directa emocional no es sustituto para entender EXACTAMENTE quien es tu público objetivo y cuáles son sus provocaciones emocionales.

Antes de escribir una sola palabra de contenido, tienes que conocer cómo piensa y habla tu mercado objetivo, el tipo de lenguaje que usan, qué tipo de día tienen y la conversación que tienen en sus mentes.

¿Cuáles son sus miedos y frustraciones? ¿Qué les emociona y les motiva?

La investigación suele ser el componente más olvidado de la creación de contenido y es una de las razones por las que incluso las redacciones más poderosas pueden fracasar. Las redacciones de respuesta directa emocional son una herramienta muy poderosa en tu arsenal de marketing. Pero tienes que entender que es parte de un proceso. Investigar, escribir, probar y medir, haz esto y estarás por delante del 99% de tu competencia.

Otra forma de entrar en la mente de tu posible cliente es tratar el tema que nadie quiere abordar. Es normal intentar presentar tu negocio de la mejor manera posible cuando haces marketing. Sin embargo, esto suele llevar a uno de los errores más comunes del marketing—hablar sólo de los aspectos positivos de hacer negocios contigo. Evitar tratar el tema que no quieres abordar, o sea, los riesgos asociados con comprar contigo, es un error de novato.

La amígdala es la parte del miedo de nuestro cerebro. Rige sobre nuestras reacciones a eventos que son importantes para nuestra supervivencia, y estimula el miedo para advertirnos de un peligro inminente. Si estás siendo seguido por una persona sospechosa de noche y tu corazón va a mil por hora, eso es tu amígdala trabajando. Eso es bueno. Pero, la amígdala en el cerebro de tu cliente puede evitar que compren algo de ti. Eso es malo. Aunque tengas una cafetería o un hospital, cuando un posible cliente piensa en comprar algo, su amígdala está analizando los posibles riesgos involucrados. El riesgo evaluado por la amígdala puede ser tan trivial como un café de mal sabor o tan severo como una muerte precoz durante una operación. De todos modos, una evaluación de riesgos siempre está ocurriendo. Como el dueño de un negocio, tienes que entender eso. Si evitas el tema en tu marketing, permitirás que la amígdala de tu posible cliente tenga vía libre y, probablemente, destrozar la venta. Dado que la evaluación de riesgo va a ocurrir, quieras o no, ¿por qué no participar en ella y darte la mejor posibilidad de afrontar cualquier problema antes de que afecte a tus ingresos netos?

La venta tradicional nos enseña a superar las objeciones; pero, en realidad, pocas veces se dicen esas objeciones. En vez de eso, en nuestra sociedad educada, decimos cosas muy estúpidas como "Déjame pensarlo," mientras que nuestra amígdala nos grita, "Vámonos de aquí." Parte del trabajo del buen contenido es decirles a los posibles clientes para quien NO son tus productos o servicios. Hay tres muy buenas razones por las que deberías hacer esto.

Primero, filtra a las personas que no son parte de tu mercado objetivo o aquellas que no encajan en lo que ofreces. Esto te asegura que no pierdes tu tiempo en posibles clientes de baja calidad y poca probabilidad. También reduce la cantidad de devoluciones y quejas de aquellos que no entendieron lo que habían comprado.

Segundo, lo hace más creíble de inmediato cuando les dices para quien es la oferta. Lo hace parecer mucho más justo cuando cubres ambos lados, diciéndoles para quien es y no es.

Por último, los posibles clientes para tu producto o servicio sentirán que está hecho para sus necesidades, mucho más que si dijeras que es para todos. Da la sensación de ser más exclusivo.

Otra forma muy buena de entrar en la mente de tu posible cliente es buscar lo que rechazan y usar lo que comúnmente se conoce como "el enemigo en común." Si le preguntas a la mayoría de las personas por qué no han conseguido el éxito, algunas de las respuestas más comunes son:

- La economía
- El gobierno
- Impuestos muy altos
- Mala infancia o padres
- Amigos y familiares que no les apoyan
- Falta de tiempo
- Falta de dinero
- Falta de oportunidad
- Falta de habilidades o estudios
- Jefe injusto

Solo hay una cosa mal en esta lista—¡ellos no están en él!

Aquí están los resultados de una encuesta nacional que llevó acabo uno de los periódicos más conocidos de la "presión del coste de la vida," también conocido como gastar demasiado y ganar muy poco. Puedes ver como muy pocos se culpan por su circunstancia actual.

Who do you blame for cost-of-living pressure?
(first choice of those on "struggle street" or "barely coping")

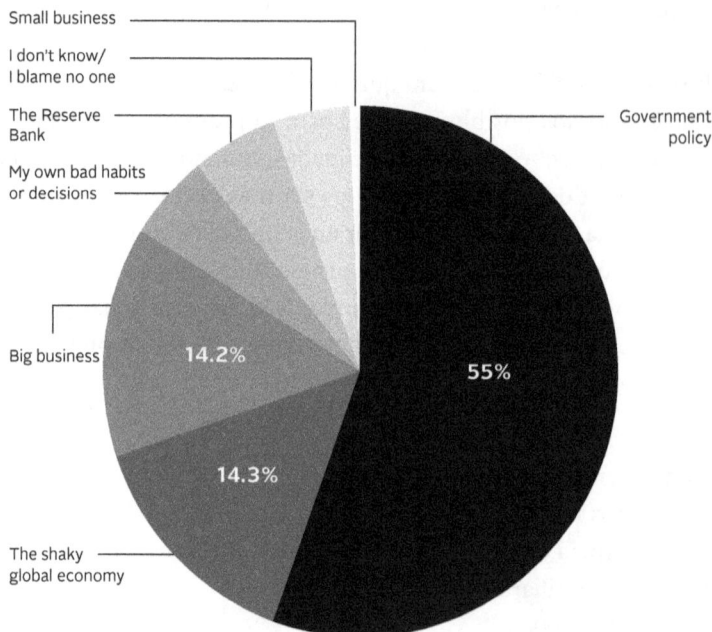

Small business

I don't know/
I blame no one

The Reserve
Bank

My own bad habits
or decisions

Government
policy

Big business 14.2%

55%

14.3%

The shaky
global economy

De acuerdo con el *Journal of Safety Research*,[1] el 74% de los Americanos creen que son conductores por encima de la media. Pero solo un 1% creen que están por debajo de la media.

Pasa lo mismo cuando se trata de aceptar culpas. ¿Cuántas veces has oído a un niño decir, "no es mi culpa"? Como adultos, somos más o menos iguales. La mayoría no creemos que estemos equivocados. Así que, ¿qué puedes hacer con este conocimiento? Primero, en tu contenido de venta, nunca culpes a tus posibles clientes por la posición que asuman. Si vamos a entrar en la conversación de sus mentes, nuestro mensaje de marketing debe tener en cuenta estos procesos de pensamiento existentes—sin importar si nuestra mentalidad es muy diferente a la de ellos.

---

1 *Journal of Safety Research* vol. 34 (2003).

"El enemigo en común" es una buena manera de aprovechar la mentalidad de "no es culpa mía." Busca algo relevante de la lista de culpa de tu posible cliente, ponte de su lado y átalo a la solución que les puedes ofrecer. Un titular de muestra que podría usar un nutricionista podría ser:

"Cómo las grandes farmacéuticas y la industria alimentaria conspiran para mantenerlo con sobrepeso y enfermo".

Es una muy buena manera de vincularte con tu posible cliente mientras les ofreces una solución. Usando un enemigo en común, conectas con tu cliente, y te ven como un salvador contra el enemigo—en este caso, hacienda.

"El enemigo en común" les enfada, entra en la conversación que ya tienen en la mente y provoca emociones que ya tienen, justo bajo la superficie.

Es una forma genial de destacar entre la multitud y llamar la atención de tu posible cliente.

Cómo Nombrar tu Producto, Servicio o Negocio

He tenido la "conversación de nombrar" con emprendedores muchas veces. Suele ser algo así: Me preguntan mi opinión de un nombre nuevo o algunas variaciones para un producto, servicio o negocio nuevo. Después sigue la explicación del nombre o nombres que están en consideración. Aquí está mi opinión del nombramiento—si tienes que explicar el nombre, es un fracaso automático. El **título debe reflejar el contenido**. En otras palabras, si el nombre automáticamente no hace obvio lo que es el producto, servicio o negocio, empiezas por detrás. Cuando le doy este consejo a la gente, algunos me miran con incredulidad. ¿Qué hay de las grandes marcas con nombres raros como Nike, Apple y Amazon? ¿Debo estar perdiéndome algo por dar consejos tan simplistas? Te cuento. Todas las marcas grandes se gastan cientos de millones en publicidad para educar a las personas sobre quiénes son y qué hacen. ¿Cuánto estás dispuesto a gastar para hacer lo mismo?

No estamos ni hablando de publicidad que vende o genera prospectos. Estamos hablando de publicidad que le dice a la gente lo que haces.

No puedo pensar en una pérdida de dinero más grande. Usando un nombre que no es obvio, empiezas por detrás y después tienes que compensarlo gastando mucho dinero en publicidad para rectificar la situación. Lo único que tenías que hacer para evitar ese colosal perdida de dinero era llamar tu negocio "Reparaciones de Fontanería," que explica inmediatamente lo que haces, en vez de "Soluciones Acuáticas," dónde tienes que explicar qué tipo de soluciones de agua haces y que ofreces "soluciones de fontanería" y de ahí, el nombre "Soluciones Acuáticas."

Demasiadas veces he visto un negocio o producto con un nombre de un significado poco claro. A veces, es un mal juego de palabras; otras veces, una referencia literaria desconocida; y otras veces, es una palabra inventada, con un significado que solo conoce el creador. La realidad es que por muy inteligente que sea tu nombre, muy pocos van a tomar el tiempo en descifrar su significado u origen. Estas cosas pueden ser importantes para ti porque tu negocio es tu vida, pero pocas veces un cliente o posible cliente se lo piensa dos veces.

Lo que es peor es que ser "listo" suele crear confusión y trabaja en tu contra. Como vimos antes en este capítulo, la confusión lleva a la perdida de ventas. Si les confundes, les pierdes. Así de simple. **Siempre elige claridad por encima de inteligencia.** Ya es difícil conseguir que lean el mensaje, entenderlo y luego actuar sobre ello. Pero añadir confusión intencionadamente cuando eres un negocio pequeño con un presupuesto de marketing pequeño, es una locura.

Por último, por favor, no les pidas la opinión de tu nombre a tus amigos y familiares. Ellos, por supuesto, alabarán tu idea y te halagarán, que sienta bien pero es poco probable que sea de ayuda. Prueba y consigue opiniones, pero hazlo con personas objetivas quienes forman parte de tu mercado objetivo—no de aquellos que ya saben lo que haces. El nombre puede trabajar a tu favor o en tu contra, y es caro y difícil cambiarlo luego, así que toma tu tiempo y esfuerzo y, sobre todo, céntrate en la transparencia.

Capítulo 2 Artículo de Acción

¿Cuál es tu mensaje para tu mercado objetivo?
Rellena el cuadrado #2 de tu plantilla del Plan de Marketing de 1-página.

3

LLEGAR A CLIENTES CON MEDIOS PUBLICITARIOS

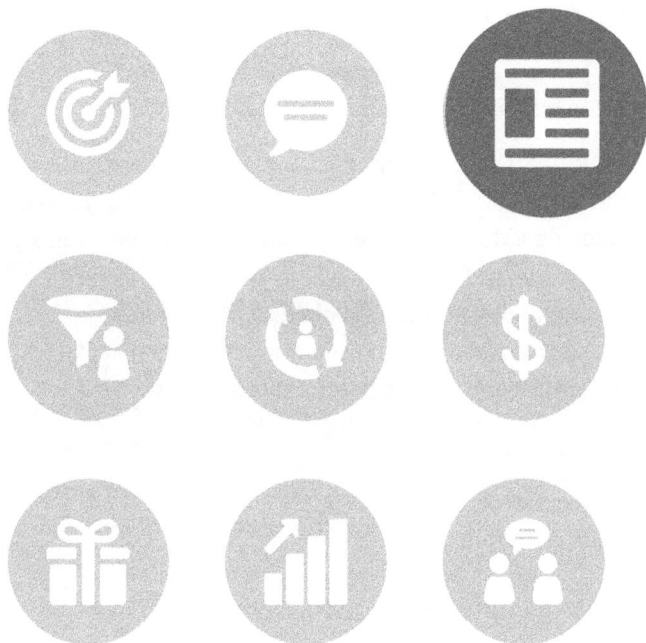

Capítulo 3 Resumen

Los medios de publicidad son un vehículo que usarás para llegar a tu mercado objetivo y comunicar tu mensaje. Es, normalmente, el componente más caro de tu marketing, así que se tiene que seleccionar y administrar con cuidado para asegurar que consigas un buen retorno de la inversión (ROI).

Los puntos que revisaremos en este capítulo incluyen:

- Por qué "darte a conocer" es una estrategia perdida
- Cómo conseguir un buen retorno de inversión (ROI) con publicidad
- El valor de vida del cliente y cómo esto está separado en "front-end" y "back-end"
- El rol que tienen las redes sociales en tu negocio
- Cómo usar email y correo ordinario como parte de tu estrategia
- Cómo proteger tu negocio del "único punto de fracaso"

Llegar a Clientes Con Medios Publicitarios

El Juego ROI

JOHN WANAMAKER, UNO de los grandes del marketing, dijo: "La mitad del dinero que gasto en publicidad es una perdida; el problema es que no sé qué mitad es."

Mientras que esto fuera comprensible hace un siglo, cuando se dijo por primera vez, hoy día debería de ser un crimen. Aunque, la realidad es que muchas empresas pequeñas hacen poco seguimiento de publicidad, o incluso nada. No medir de donde vienen tus prospectos y ventas y no seguir el ROI de gastos de anuncios es símbolo de un novato. Todos tenemos a nuestra disposición la tecnología para seguir la efectividad de la publicidad de manera rápida, fácil y barata. Herramientas como números gratuitos, analítica web y cupones hace que esto sea trivial. Recuerda, **lo que se mide, se gestiona.** Sé implacable con tus gastos de anuncios, cortando los que pierden y siguiendo con los que ganan. Obviamente, para saber los que pierden y ganan, tienes que seguirlos y medirlos.

Esto es esencial porque los medios publicitarios son, sin duda, el componente más caro de tu marketing. Es el puente que conecta tu oferta con tu mercado objetivo.

Sale del alcance de este libro entrar en los detalles técnicos de cada categoría y subcategoría de los medios publicitarios. Pero, te daré este consejo: contrata a expertos que se especializan en el tipo de medios que decides usar para tu campaña—valen su peso en oro.

No intentes hacerlo tú solo, especialmente cuando se trata del parte más cara de tu proceso de marketing. **Lo que no sabes hacer,**

te hará DAÑO. Ya sea que estés utilizando medios tradicionales como la transmisión, la publicidad exterior y la impresión, o medios digitales como las redes sociales, el pago por clic y el correo electrónico, cada uno tiene sus propias peculiaridades y tecnicismos que es muy probable que arruines si no tienes experiencia con ellos. Sería una tragedia conseguir el mercado objetivo y oferta y luego ver como se hunde tu campaña por un detalle técnico de los medios publicitarios.

Me suelen preguntar cosas como, "¿Cual es una buena tasa de respuesta para correo?" o "¿Qué tipo de tasa debería esperar cuando hago marketing de email?" Se espera que yo responda con una respuesta numérica. Algo como, "Espera una tasa de respuesta del 2% para correo" o "Espera una tasa abierta del 20% para email."

Normalmente, este tipo de pregunta viene de dueños de empresas que aún están por construir su infraestructura de marketing. Mi respuesta es siempre la misma—depende. A veces una tasa de respuesta del 50% es un desastre, y a veces una tasa del 0.01% es un éxito enorme.

Las tasas de respuesta varían drásticamente dependiendo de factores como la relevancia del mensaje para el mercado objetivo, si el mensaje es llamativo y cómo creaste la lista para tu marketing. En vez de preguntar cual es una buena tasa de respuesta, que es una pregunta estúpida, lo que están preguntando es, "¿Cómo mido el éxito de mi campaña de marketing?"

Bueno, ¿cómo mides el éxito de tu campaña de marketing?

Para los impacientes, aquí la respuesta corta: ¿la campaña de marketing te devolvió más dinero de lo que te costó? En otras palabras, ¿cuál era el ROI de tu campaña de marketing? Si te costó más hacer la campaña de lo que ganaste con ello (o lo que ganarás), entonces es un fracaso. Si te costó menos hacer la campaña que los beneficios que conseguiste, es un éxito.

Claro está que hay personas que discutirían conmigo y dirían que incluso una campaña que ha perdido dinero fue valiosa por "te has dado a conocer" o que había algún ejercicio de "branding." A no ser que seas una marca gigante como Nike, Apple, Coca-Cola o similar, entonces es probable que no puedas gastar millones de dólares en marketing difuso como el "branding" o "darte a conocer."

En vez de "darte a conocer," irías mucho mejor concentrándote en conocer a tus posibles clientes. Me gusta pensar en el dinero de marketing como potencia de fuego. Necesitas usar tu potencia de fuego limitado sabiamente, para que puedas cazar, volver victorioso y dar de comer a tu familia. Sin embargo, si empiezas a disparar aleatoriamente en todas las direcciones, solo conseguirás asustar y ahuyentar a tu presa. Necesitas enfoque e inteligencia si quieres salir victorioso. Si eres una pequeña o mediana empresa, necesitas un retorno en tus gastos de marketing. Invertir tu presupuesto de marketing comparativamente pequeño en marketing masivo tendría el mismo efecto que orinar en el océano. El juego del marketing masivo y la marca a gran escala solo puede ser ganado con un poder de fuego a escala de bomba atómica.

El juego de marketing en masa/branding/darte a conocer es un tipo de marketing que solo se puede ganar con la potencia de fuego de una bomba atómica. Si eres una pequeña o mediana empresa, no es un juego para el que estás preparado. Siendo ese el caso, tenemos que mirar muy detenidamente los números.

Vamos a mirar un ejemplo con números para hacerlo más claro. Mantendré los números pequeños y redondos para no confundir.

Haces una campaña de correo y mandas 100 cartas.

El coste de imprimir y mandar las 100 cartas es de $300.

De las 100 cartas, 10 personas responden (tasa de respuesta 10%)

De las 10 personas que responden, 2 personas acaban comprando (tasa de cierre 20%).

De esto, podemos calcular uno de los números más importantes en marketing –coste de adquisición de clientes. En este ejemplo, conseguiste 2 clientes, y el coste total de la campaña era de $300. Así que tu coste de adquisición de clientes es de $150.

Ahora, si el producto o servicio que vendes a estos clientes solo te trae un beneficio de $100 por venta, la campaña ha fracasado. Perdiste $50 por cada cliente adquirido en esta campaña (ROI negativo).

Sin embargo, si el producto o servicio que vendes te consigue un beneficio de $600 por venta, la campaña ha sido un éxito. Has ganado $450 por cada cliente adquirido (ROI positivo).

Obviamente, es un ejemplo muy simple, pero demuestra lo irrelevante que son las estadísticas y tasas de conversión. Nuestra principal preocupación es el ROI, que varía basado en el coste de adquisición de cliente y cuanto beneficio consigue la campaña de marketing.

Una de las ventajas enormes de centrarte en un nicho es que tu marketing se hace más barato. La publicidad centrada acaba siendo más barata que marketing en masa porque se desperdicia menos. Si estás vendiendo servicios financieros y tus clientes ideales son médicos, es mucho mejor dirigirte a grupos y comunidades de la industria médica que a un anuncio general para cualquier persona.

Tu coste de adquisición de cliente bajará drásticamente porque tu combinación de mensaje a mercado es mucho mejor y tu tasa de conversión será más alta que poniendo un mensaje general en tu anuncio.

Tus gastos de publicidad también serán más bajos porque tu mercado objetivo es más pequeño.

Recuerda, el objetivo de tu mensaje es para que tu posible cliente diga, "Esto es para mí."

Intentar ser todo para todos no te va a traer la misma reacción.

El "Front End," "Back End" y Valor de Vida de un Cliente

Con el ejemplo que hemos visto, hemos determinado que si solo hemos ganado $100 de beneficio por venta, la campaña ha fracasado. Sin embargo, en ese ejemplo, no tomamos en cuenta otro número muy importante usado para medir el éxito de marketing—valor de vida del cliente. Si, por ejemplo, ganamos $100 directos como resultado de la campaña, pero luego el cliente continúa comprándonos a nosotros más Adelante, esto cambia por completo la economía de la campaña. Una campaña que parecía un fracaso puede, de hecho, convertirse en un éxito si tenemos en cuenta **el valor de vida del cliente.**

Ahora tenemos que tener en cuenta cuánto podemos ganar de un cliente durante todo su tiempo con nosotros. Por ejemplo, puede que vendas impresoras que requieren recambios o un auto que requiere mantenimiento o algo más que los clientes compran repetidamente; por ejemplo, cortes de pelo, masajes, seguros, acceso a internet, etc.

El dinero que ganamos por adelantado en una campaña se conoce con el término inglés "front end." El dinero que ganamos de compras posteriores se conoce con el término inglés "back end." Juntos, crean los números que componen el valor de vida del cliente.

El valor de vida y el coste de adquisición de cliente son los dos números clave que necesitas para medir la efectividad del marketing. Las otras estadísticas, como tasa de respuesta y conversión, por sí solos, son inútiles. Sólo los usamos para determinar estas dos cifras, que nos dan una imagen real de como nuestro marketing se está desarrollando.

Si no sabes qué son estos números en tu negocio, ya es hora de empezar a medir y hacer que tu marketing sea factible. Probar, medir y mejorar constantemente estos números es como construyes una empresa de alto-crecimiento.

Tu oferta "front end" es la oferta que ven tus posibles clientes (personas que aún no son tus clientes). Estas son personas que no te conocen y no tienen razones para confiar en ti. En general, el objetivo de tu oferta front end es crear un cliente y conseguir suficiente beneficio de la primera transacción para al menos cubrir el coste de adquisición de cliente. Esto hace que seguir haciendo publicidad sea sostenible. El beneficio real se consigue en el "back end" a través de repetidas compras de clientes existentes.

A veces tiene sentido hacer las cosas de "forma negativa," ósea, perder dinero en el front end, porque sabes seguro que vas a conseguir mucho más en el back end. Esto suele ser el caso con empresas de suscripción o empresas que tienen un valor de vida alto. Si no conoces tus números, esta puede ser una estrategia arriesgada, así que mantente con el objetivo de tener a tu front end pagando por tu coste de adquisición de cliente hasta que controles tus números de valor de vida. En el Capítulo 8, hablaremos más sobre el back end e incrementar el valor de vida del cliente. Esto puede revolucionar tu empresa y convertir las campañas fracasadas en ganadoras.

¿Son Las Redes Sociales un Cura-Todo?

Sin duda, Internet y las redes sociales son un avance mediático. Han democratizado la información y han hecho posible la conectividad.

Sin embargo, dada la exageración que rodea a la plataforma social emergente del día, podrías imaginar que es una solución milagrosa para el marketing. No lo es. Muchos autoproclamados "gurús" de las redes sociales te harían creer que si no estás dedicando la mayoría o todos tus recursos de marketing a las redes sociales, eres un ludita que pronto estará fuera del negocio.

Claro está, como con casi todo, necesitas mantener la cabeza fría para poder separar la verdad de la ficción. Antes de que me digas que estoy en contra de las redes sociales, déjame dejar las cosas claras. He usado las redes sociales con varias empresas y continúo usándolas de manera regular. Sin embargo, veamos dónde encaja en tu estrategia general de marketing y medios de comunicación.

Una campaña exitosa de marketing tiene que tener tres elementos vitales:

1. **Mercado** (visto en Capítulo 1): el mercado objetivo a quien mandas tu mensaje.
2. **Mensaje** (visto en Capítulo 2): el mensaje de marketing u oferta que mandas.
3. **Medios** (visto en este capítulo): la vía que usas para mandar tu mensaje a tu mercado objetivo; por ejemplo, anuncios digitales, correo directo, correo electrónico, podcasts, anuncios impresos, y así sucesivamente.

Necesitas dar con estas tres cosas para tener una campaña exitosa. Necesitas mandar el mensaje adecuado al mercado objetivo adecuado, a través de los medios adecuados. Si fracasas en uno de estos elementos, lo más seguro es que tu campaña fracase. Comprender esta estructura te ayuda a poner las cosas en contexto. Las redes sociales, por definición, son una forma de **medio publicitario**—no una estrategia.

Las ideas principales del marketing no cambian de repente solo porque aparece una nueva plataforma. La siguiente pregunta es, ¿es el medio adecuado para tu empresa? Recuerda, de las tres cosas que tenemos que hacer para tener una campaña exitosa, los medios es uno de ellos.

Cada tipo de medio tiene su idiosincrasia, y las redes sociales no son ninguna excepción. Aquí hay algunas cosas que tienes que saber cuándo hablamos de las redes sociales.

Primero, no es el mejor entorno para la venta. Me gusta pensar en las redes sociales como una fiesta o quedada. Todos hemos estado en fiestas donde alguien, quizás un miembro de la familia o amigo, ha sido mordido por el bicho del marketing multi-nivel. Ya sabes, empiezan a hablar sobre los beneficios para la salud de una pastilla nueva e intentan venderlo o conseguir vendedores.

Hace sentir a todos incomodos porque parece muy agresivo y no es el momento para hacer o recibir un pitch de venta. Es igual en las redes sociales. Ventas abiertas y pujas constantes se suelen considerar de mala educación en las redes sociales y pueden acabar con posibles clientes ignorando tu negocio en vez de atraerlos.

Pero, al igual que con fiestas reales, las redes sociales son sitios geniales para crear y extender relaciones que luego se pueden convertir en algo comercial, si encajan bien. Una de las cosas más valiosas que veo en las redes sociales es poder guiar las emociones del cliente hacia tu empresa y conversar con clientes que hacen críticas o quejas en un foro público.

Otro beneficio son las pruebas sociales. Ser accesible, responder a críticas o halagos, y hablar con tus clientes crea pruebas sociales y hace que tus clientes y posibles clientes sienten que tratan con humanos en vez de con una corporación anónima. Recuerda, las personas compran a las personas.

Hay dos posibles trampas con las redes sociales.

Primero, te puede quitar tiempo. Sentir que tienes que responder a cada comentario puede ser agotador, y te puede quitar tiempo de tareas de marketing que te devuelven mucho más por tu tiempo y dinero invertido. Es importante tener disciplina con tu uso de las redes sociales. Igual que no permitirías a tus empleados estar hablando todo el día, no puedes permitir que tú hagas el equivalente en las redes. Algunas personas tienen la idea de que el marketing en las redes sociales es "gratis." Sólo es gratis si tu tiempo no vale nada.

Segundo, está la cuestión de la propiedad. Tu cuenta en redes sociales es en realidad propiedad de la red social. Por lo tanto, gastar grandes cantidades de tiempo y dinero construyendo una audiencia en estas redes termina fortaleciendo sus activos en lugar de los tuyos.

Mi preferencia, todo lo posible, es crear y ser dueño de mis propios recursos de marketing, como sitios web, podcasts, listas de email, etc. Luego uso las redes sociales simplemente para llevar tráfico a estos recursos de marketing. De este modo, mi tiempo y esfuerzo van a renovar mi "casa" en vez de la de un casero que me puede echar en cualquier momento.

Un ejemplo clásico del por qué es mejor hacer esto es el cambio de política de las páginas de empresa de Facebook. Anteriormente, la gente le daba al botón de "me gusta" de tu página de empresa de Facebook, podías alcanzar todo ese público gratis. Así que, las empresas gastaron mucho tiempo, dinero y esfuerzo para conseguir esos "me gusta" en su página de Facebook.

Ahora, Facebook requiere que les pagues cada vez que mandes un mensaje a todo tu público. Si no, solo te permite alcanzar un porcentaje muy pequeño. Para aquellos que se gastaron muchos recursos para crear un público en Facebook para luego perder todo ese duro esfuerzo, ha sido un golpe duro de asimilar.

Esta es una de las razones por los que prefiero tener 1.000 personas en mi lista de email en vez de 10.000 personas que les "gusta" mi página en Facebook. Como siempre, con toda estrategia de marketing, es importante buscar donde "van" tus posibles clientes y usar los medios apropiados para mandarles tu mensaje. La nueva plataforma de redes sociales de moda puede o no ser uno de esos lugares.

Marketing de Email

El email es una forma directa y personal para conectar con tus clientes y posibles clientes. Gracias a la proliferación de los Smartphone y otros aparatos, casi todos tienen su email en su bolsillo o a su alcance.

Crear una base de datos de suscriptores de email es una parte clave en tu estrategia de marketing online. Una parte prominente de tu sitio web debería tener un formulario de suscripción. Esto te permite recoger los emails de visitantes y te da la oportunidad de cuidar de estos visitantes que puede que no estén preparados para comprar inmediatamente pero que están interesados y quieren más información.

Como veremos en los siguientes dos capítulos, capturar prospectos y cuidar los prospectos son dos etapas cruciales en el proceso de marketing. Nos dan la habilidad de tratar de manera inteligente con posibles clientes quienes aún no se han desarrollado hasta el punto de tomar una decisión de compra. Generalmente, estos tipos de posibles clientes conforman la mayoría de los posibles clientes y son esenciales para llenar tu negocio de ventas futuras. Si no capturas estos no-compradores interesados, es posible que los pierdas para siempre. Tu única esperanza sería que, cuando por fin decidan comprar, se acordaran de tu sitio web entre los cientos que han visitado y completaran el ciclo de compra que empezaron días, semanas o meses atrás.

Un email también te permite mantener una relación más cercana con tu base de clientes, y hace que sea más fácil probar y lanzar nuevos productos. Pasado el tiempo, conforme creas una relación con tus suscriptores de email, tu base de datos se convierte en un recurso de marketing de mucho valor.

Crear una lista de suscriptores de email muy receptiva prácticamente te permite producir dinero bajo demanda. Tú creas una oferta llamativa con un mecanismo de respuesta y lo mandas a tu lista de email. Recibes feedback instantáneo de si tu oferta es un fracaso o no. Es una forma genial de probar ofertas de forma barata antes de invertir en medios más caros, como impreso o publicidad pago-por-clic.

A pesar del crecimiento y popularidad de las redes sociales, tu base de suscriptores de email sigue siendo uno de los elementos más importantes de tu estrategia de marketing online. Como hemos hablado antes, el alcance de las redes sociales se ha vuelto problemático porque solo un porcentaje muy bajo de tus seguidores verán tu mensaje. Aunque tu mensaje pudiera alcanzar a todos, seguramente no te verían entre tanta publicación. Videos graciosos de gatos, chistes, y memes taparán tu mensaje de marketing. Por algo se llaman redes **sociales.**

Aún más importante, una base de datos de email es un recurso que te pertenece a ti. Es independiente de cuál sea la plataforma de redes sociales de moda. Hay muchas plataformas de redes sociales que ahora están obsoletas o han disminuido en uso y popularidad. Si creas tu negocio en la plataforma de otro y empieza a caer en popularidad, tu recurso principal de marketing se pierde.

Aunque el email es un medio poderoso, tiene algunas idiosincrasias que tienes que tener en cuenta. Aquí hay algunas reglas para valorar cuando usas el email.

No hagas spam. Hay reglas estrictas en marketing de email en muchos países. El más notable, tienes que tener el consentimiento del receptor del email para mandarles emails de marketing. Por eso, un formulario en tu email es esencial. Nunca compres o crees listas de direcciones de email donde el receptor no ha pedido que les mandes mensajes. No solo te posiciona de manera negativa, poniéndote en la misma categoría que los spammers, además es ilegal. Hablaremos más sobre posicionamiento en el Capítulo 6.

Sé humano. No escribas un email como lo haría un robot o como una carta formal. El email es un medio muy personal y, aunque mandes el mismo email a miles de suscriptores, escríbelo como si solo se lo mandases a uno. Está bien ser un poco informal.

Usa un sistema de marketing de email comercial. No uses nunca Outlook, Gmail o cualquier otro servicio estándar de email para marketing de email en masa. Estos servicios están diseñados para mensajes uno a uno y no uno a muchos. Acabarás con la cuenta cerrada o bloqueada si empiezas a mandar en masa desde estos servicios. Hay sistemas de marketing de email comercial que son baratos y fáciles de usar. Lo mejor de usar estos servicios es que automáticamente arreglan muchos de los temas legales, cosas como tener un botón para cancelar la suscripción y tus datos de contacto al final de tus emails. También trabajan mucho para pasar los filtros de spam y asegurar que el mensaje se entregue.

Envía con regularidad. Si no mandas, dejarás de tener suscriptores. Puede que se hayan apuntado, pero si no saben nada de ti en un tiempo, puede que se olviden de quien eres y marcarte como spammer. Peor aún, el valor de tu recurso clave de marketing empieza a bajar. Para mantener una buena relación, contacta con ellos al menos cada mes. Lo mejor es cada semana, pero eso depende de tu mercado objetivo.

Sé de algunos que mandan emails diariamente o incluso varias veces al día. No hay reglas claras de la frecuencia. Solo asegúrate de que tu email es relevante y crea valor.

Darles valor. Si mandas un email a tu base de datos solo cuando quieres vender algo, se aburrirán muy rápido y cancelarán su suscripción, te ignorarán o te marcarán como spammer. Toda relación sana está basada en el intercambio de valor. Asegúrate de que la mayoría de tus emails no son para ventas, sino para algo que cree valor para tus suscriptores. Un buen ratio es tres emails de valor por cada email de oferta.

Automatizar. Otra buena razón para usar una plataforma de marketing de email comercial es la automatización. Estas plataformas te permiten crear secuencias que se envían automáticamente a tus suscriptores nuevos. Por ejemplo, cuando se suscriben, tu plataforma de marketing de email les manda un email de bienvenida automático. Un día más tarde, les manda un email de valor para ayudarles a entender mejor la categoría del producto en el que están interesados. Tres días más tarde, les manda un email para decirles más sobre ti y tu negocio. Una semana más tarde, les invita a concertar una llamada contigo. Todo esto se puede hacer de manera automática. Una plataforma de marketing de email puede ser el mejor comercial de tu negocio. Nunca se enferma, nunca se queja y nunca olvida hacer seguimiento.

Con marketing de email, tienes tres retos:

1. **Conseguir que se envíe tu email.** Como hemos hablado, la mejor manera de asegurar que se entregue el email bien es usar una plataforma de marketing de email comercial. Además, asegurar que el contenido de tu email no contiene frases de spam o usa demasiadas imágenes o enlaces.
2. **Conseguir que abran tu email.** La mejor manera de conseguir que abran tu email es un buen título. En la sección de redacciones en el Capítulo 2, hablamos sobre estrategias y títulos de contenido. Imagina tu email entre cientos de otros en la bandeja de entrada. El propósito de tu título es que cree curiosidad y motive al receptor a abrir tu email.

3. **Conseguir que lean tu email.** Algunos expertos defienden que deberías mantener los emails cortos. En realidad, el tamaño de tu email es secundario a su relevancia y calidad.

Si escribes contenido bueno, lo leerán. Por ejemplo, algunos expertos y escriben emails muy largos. También mandan sus emails con mucha frecuencia. Recolectando muchos datos de su mercado objetivo que les ayuda a saber exactamente lo que quieren leer. Así que, aunque sus emails son largos, son muy relevantes y llamativos para su mercado objetivo. Un enfoque alternativo, es escribir emails cortos y tener sólo un resumen en el cuerpo del email. Luego se les invita a los lectores a pinchar en un enlace para seguir leyendo en tu sitio web o blog.

El email es un medio publicitario muy poderoso y personal. Te permite crear campañas llamativas con un nivel alto de automatización. Cuando se hace correctamente, puede ser una parte valiosa de la estrategia de marketing tanto online como fuera.

Correo Ordinario

En una era donde internet, el email y las redes sociales juegan una parte tan importante en nuestras comunicaciones personales y empresariales, muchos creen que el correo ordinario ha muerto para siempre. Pero eso está muy lejos de la realidad.

Yo soy muy bueno con la tecnología y he crecido con internet desde sus comienzos. También he sido el cofundador de dos empresas tecnológicas muy exitosas, las cuales construí de cero hacia un crecimiento rápido. Y, a pesar de anticuado, o quizás gracias a ello, creo que el correo ordinario es una de las formas menos usadas y más importantes de marketing. Cuando se trata de tu estrategia de marketing, tienes que entender que **el email no reemplaza el correo ordinario, lo complementa.**

Nos encanta la rapidez y eficacia de todo lo virtual; sin embargo, sería un error subestimar el poder de los objetos físicos cuando hablamos de las emociones humanas. Y, **emocionar a las personas para una acción deseada es de lo que se trata el marketing.** Imagina a un hombre mandando un mensaje o email a su mujer diciendo "te quiero" en su aniversario o el mismo mensaje escrito en una tarjeta junto a sus flores favoritas.

Hay un mundo de diferencia entre los equivalentes virtuales y físicos de ese mismo mensaje.

El correo ordinario tiene una vida mucho más larga y requiere esfuerzo para tirarlo. Es común que las personas guarden y adoren las cartas que las personas especiales les mandan. En el caso de los emails, esto no es igual, son más efímeros —en tu bandeja de entrada y luego borrado y olvidado.

Otro punto importante sobre el correo ordinario es que se ha vuelto significativamente menos abarrotado en los últimos años que, desde la perspectiva del marketing, es un sueño hecho realidad. El alboroto es el enemigo del mensaje llamativo y tener un medio que se ha hecho menos abarrotado hace que sea más llamativo. Contrariamente, el email se ha vuelto mucho más abarrotado. El ruido dentro de las bandejas de entrada ha crecido a proporciones ridículas, e incluso alguien que es bueno organizando, lo ve con unos ojos muy diferentes al correo ordinario. Las personas gestionan su email con el ratón encima del botón de eliminar. Cualquier cosa que no llama directamente la atención se borra, o es olvidada en los archivos del email.

Hasta que no descubramos como tele-transportar objetos físicos de un sitio a otro como hacen en Star Trek, dependemos de mensajeros y el servicio postal para mandar correo y objetos por nosotros.

Sin duda, el correo ordinario es un poderoso medio. Sin embargo, como con todos los medios, es importante no atarte a solo uno de ellos. Tu objetivo es descubrir cómo conseguir un buen beneficio de tu inversión de publicidad, sea por correo ordinario u otro medio.

Cómo Tener Un Presupuesto de Marketing Ilimitado

Ninguna discusión sobre marketing o gastar dinero en los medios publicitarios sería completa sin hablar de presupuesto. Cuando gastas dinero en marketing, una de las siguientes tres cosas ocurren:

1. Tu marketing fracasa (o sea, consigues menos beneficio que lo que has pagado en los gastos de marketing).
2. No tienes ni idea de si tu marketing ha sido un éxito o fracaso porque no mediste los resultados.
3. Tu marketing es un éxito (o sea, tienes más beneficio de lo que gastas en hacer el marketing).

Para cada uno de estos casos, hay un procedimiento:

1. Si tu marketing fracasa constantemente y pierdes dinero, PARA y cambia lo que estás haciendo.
2. Si no mides tus resultados de marketing, es inútil porque, con la tecnología fácil y barata que hay, es aún más fácil medir tus resultados y ROI.
3. Si tu marketing está funcionando y te da un ROI positivo constantemente, sigue con ello e invierte más dinero si puedes.

Una de las locuras que veo hacer a los dueños de pequeñas empresas es poner un "presupuesto de marketing." Poniendo un presupuesto de marketing, estás insinuando que tu marketing no funciona y es una completa pérdida de dinero, o no tienes ni idea si está funcionando porque no mides los resultados y metes muchísimo dinero con la esperanza de que te devuelva algún resultado positivo. Si es el primer caso entonces, claro está, tienes que poner un presupuesto porque no puedes tener gastos sin fin en tu empresa. Pero una buena pregunta sería, ¿por qué gastas dinero en marketing si no funciona? Si es el segundo caso, tienes que cambiar las cosas rápido. No contratarías a empleados y no medir su productividad, así que, ¿por qué demonios pagarías constantemente para marketing y no saber qué resultados te está dando?

Si tu marketing funciona (te da un resultado positivo) ¿por qué le pones un límite a tu presupuesto? El marketing efectivo es como tener una máquina que imprime dinero. Este caso se llama dinero por descuento. Si yo vendiera billetes de $100 por $80, ¿no comprarías todos los que pudieras?

O dirías, "Los siento, mi presupuesto para billetes de $100 descontados es de solo $800, así que dame diez por favor."

Por eso siempre digo que **tengo un presupuesto ilimitado para el marketing que funciona.** Un argumento que escucho contra esto es el miedo de poder controlar la demanda. Primero, es un problema genial. Segundo, si realmente recibes más demanda de lo que puedes controlar, es el momento perfecto para subir los precios. Esto incrementará tus márgenes y te traerá clientes de mejor calidad.

El único momento para un presupuesto de marketing es en la fase de prueba. En esta fase, te aconsejo que tus fracasos sean muchos pero baratos hasta que des con el ganador. Prueba tu título, tu oferta, tu posicionamiento de anuncios y otras variables. Luego, quita los que fracasan y optimiza los que ganan hasta que tengas una combinación que te dé el mejor ROI posible.

Recuerda, en la oficina de correos te van a cobrar lo mismo por un mensaje que no te da nada y un mensaje con una tasa de conversión alta que te da mucho. ¡Una vez que tengas el ganador, aumenta tus gastos de marketing y la velocidad de tu máquina de hacer dinero!

El Número Más Peligroso

El número uno es el más peligroso para tu negocio. Hace una empresa frágil.

¿Tu negocio solo tiene una fuente de prospectos? ¿Un proveedor? ¿Un buen cliente? ¿Depende de solo un tipo de medio? ¿Ofrece solo un tipo de producto? Usando el termino informático, ¿tu empresa tiene "un solo punto de fracaso"? Si es así, tu empresa es frágil, y un pequeño cambio en las circunstancias fuera de tu control puede tener un efecto devastador.

Es una situación muy difícil. Muchas empresas se vieron afectadas cuando Google cambió su algoritmo de búsqueda. Esos negocios pusieron todo su presupuesto de marketing y esfuerzo en la optimización del buscador y en cuestión de una noche, vieron que su única fuente de prospectos había desaparecido.

Similarmente, cuando Google empezó a hacer cambios en los tipos de anuncios pagados que quería mostrar, incluso los que pagaban enormes cantidades de dinero a Google todos los meses se vieron afectados por el "Golpe de Google." O sea, Google empezó a cambiarlos cuatro, cinco e incluso diez veces más de lo que hacían anteriormente. Este cambio obligó a las empresas a parar sus campañas e intentar arreglar el problema o buscar otra fuente de prospectos. Mientras tanto, sus negocios se vieron parados.

Algunas palabras sabias de la antigüedad nos recomiendan construir nuestra casa sobre una base de roca en vez de en arena. De ese modo, cuando venga la tormenta, nuestra casa no se derrumbará. Lo primero es identificar cualquier caso en el que el número uno te puede causar daño. Aquí hay algunos ejemplos:

- ¿Y si te deja tu mejor cliente para irse con tu competencia o si su negocio fracasa?
- ¿Y si hay un cambio en la ley gubernamental y el producto que ofreces acaba prohibido y desaparece?
- ¿Y si tu estrategia principal de publicidad deja de funcionar?
- ¿Y si los costes de publicidad suben drásticamente?
- ¿Y si tus rankings altos en el buscador desaparecen o el precio del pago-por-clic sube de repente?
- ¿Y si tu proveedor sube sus precios, tiene una escasez de productos o cierra su negocio?
- ¿Y si dependes de marketing de email y el gobierno prohíbe esta estrategia?

Todos estos casos pueden ocurrir y ocurren. Si dependes de solo una cosa, te dejas en una situación delicada—estás construyendo una casa sobre arena. Cuando venga la tormenta y las inundaciones, tu casa se va a derrumbar. Identifica y elimina los puntos de fracaso de tu negocio.

De esa forma, si se cambia la ley, si las tasas de publicidad suben, si de repente una estrategia específica deja de funcionar como antes, tu negocio estará a salvo. Tú serás el que tenga el poder porque no dependes de una sola cosa.

Jim Rohn tenía una filosofía muy buena sobre este asunto:

Tienes que pensar en el invierno en verano. Es muy fácil dejarse llevar por el cielo azul y las nubes de algodón. Tienes que prepararte para el invierno, porque llegará, siempre llega.

Mientras tanto, aunque no lleguen a pasar ninguno de los casos, por lo menos habrás construido una empresa más fuerte y valiosa.

Un caso muy común que veo cuando se trata de estrategia publicitaria es que muchos negocios pequeños solo tienen una fuente de negocio nuevo. Yo propongo tener al menos cinco fuentes de nuevos prospectos y clientes diferentes. Es más, recomiendo que la mayoría de estas fuentes vengan de publicidad pagada. Dicho de otra manera, gasta dinero en hacer marketing. La razón por lo que la publicidad pagada es tan importante es doble.

Primero, es muy fiable. Si yo le pago a un periódico para poner mi anuncio, hay una alta probabilidad de que mi anuncio aparezca. Es muy difícil conseguir una fuente de prospectos tan fiables y constante de métodos de marketing gratuitas (o casi gratuitas), como el boca a boca.

Segundo, el marketing pagado te obliga a centrarte en tu ROI. Si un método de marketing pagado no funciona, lo paras. No pierdes más tiempo y dinero en ello. Pero, cuando el método de marketing es gratuito, como el boca a boca, solemos ser más implacables y acabamos gastando muchísimo tiempo porque no tenemos que pagar nada. Sin embargo, hay un coste de oportunidad que, si se analiza cuidadosamente, se traduce a una enorme cantidad de dinero.

El arte y la ciencia de convertir un dólar de publicidad pagada en un dólar o más de beneficio constantemente a través de marketing de respuesta directa harán a tu negocio resistente y te ayudará a conseguir un crecimiento de negocio rápido.

Capítulo 3 Artículo de Acción:

¿Qué Medios Usarás Para Llegar a Tu Mercado Objetivo? Rellena el cuadrado #3 de tu plantilla del Plan de Marketing de 1-página.

PARTE II

LA FASE DE "DURANTE"

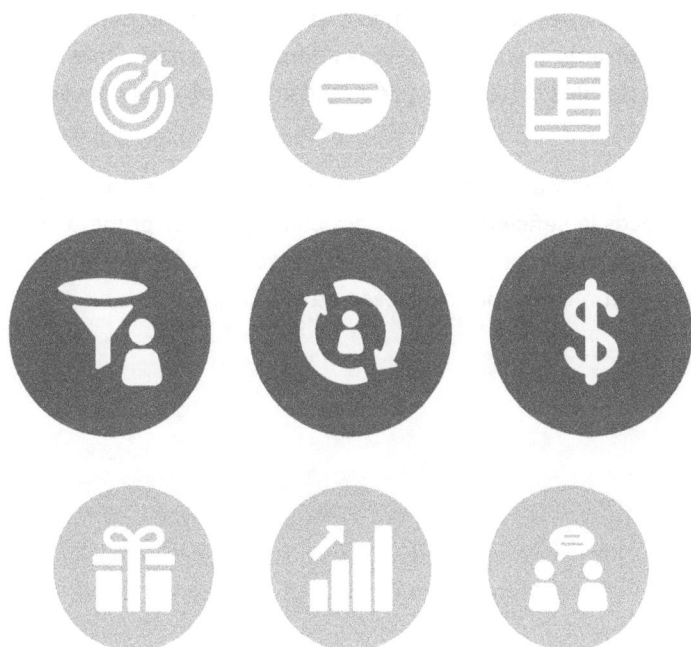

Resumen de la Fase de "Durante"

En la fase de "durante", tratas con los prospectos. Prospectos son aquellas personas que te conocen y han mostrado interés en lo que ofreces, y quienes han respondido a tu mensaje de marketing. En esta fase, capturarás a esos prospectos interesados en una base de datos, cuidarás de ellos con información valiosa regular y les convertirás en clientes.

El objetivo de esta fase es conseguir que a tus prospectos les guste lo que ofreces lo suficiente como para comprarlo por primera vez. Una vez que hayan comprado algo, se convierten en cliente y entran en la tercera y última fase de tu proceso de marketing.

4

CAPTURANDO PROSPECTOS

Capítulo 4 Resumen

Capturar prospectos en una base de datos para un seguimiento futuro es esencial para tu éxito en el marketing. Esto es porque solo un porcentaje muy pequeño de prospectos interesados pueden estar listos para comprar inmediatamente. La captación de prospectos se hace gestionando el interés y construyendo una fuente de ventas futuras.

Los puntos que revisaremos en este capítulo incluyen:

- Por qué nunca deberías intentar vender directamente de un anuncio y qué hacer en su lugar.
- Cómo pasar de "cazar" a "cultivar" y asegurar que siempre tengas una fuente de nuevos clientes.
- Por qué no deberías tratar a todos tus posibles clientes igual.
- Cómo usar un "soborno ético" para descubrir clientes de alta posibilidad.
- Cómo incrementar instantáneamente la efectividad de tu publicidad por un 1,233%
- Por qué algunos negocios tienen un flujo constante de prospectos y posibles clientes mientras que otros no lo tienen.
- Como ser un experto y tener autoridad con tu mercado objetivo.

Capturar Prospectos

Cazar vs. Cultivar

IMAGÍNATE COMO UN cazador. Te despiertas por la mañana, recoges tu arma y sales a cazar. Algunos días, volverás con una presa y tu familia disfrutará del festín. Otros días, vuelves con las manos vacías y tu familia no cena. Tienes la presión de que todos los días tienes que tener éxito—es una batalla constante.

Ahora imagínate como un agricultor. Plantas semillas y esperas a que estén listas para cosechar. Mientras tanto, las cuidas y las tratas con cariño. Riegas lo que has sembrado. Cuando estén listas, empiezas con la cosecha. En mi experiencia, la mayoría de los empresarios son cazadores, no agricultores:

- Hacen llamadas no solicitadas para conseguir clientes.
- Gastan mucho tiempo y energía intentando conseguir nuevos clientes y harán cualquier cosa para cerrar una venta.
- Su publicidad apesta a desesperación con descuentos y precios bajos solo para conseguir una venta rápida.
- Gastan mucho tiempo molestando a gente que no está interesada en su producto o servicio.

Muchos dueños de pequeñas empresas no tienen ni idea del propósito que hay detrás de su marketing. Ponen el nombre de su negocio en el anuncio con un logo bonito y algún slogan sinsentido diciendo que son los mejores de su industria o zona. Si les preguntas cuál es el propósito de su publicidad, la mayoría dirán que es para vender su producto o "darse a conocer."

En marketing de respuesta directa, el propósito de tu publicidad es encontrar a aquellas personas que están interesados en lo que haces y no intentar venderles tu producto inmediatamente. Cuando los prospectos interesados responden, les pones en tu base de seguimiento para que puedas crear valor, posicionarte como un experto y crear una relación con ellos basada en la confianza.

Después de todo esto, viene la venta (si es adecuado para ellos) como una consecuencia natural. Cuesta asimilar esto, pero es un concepto esencial y uno que deberás entender.

¿Por qué no deberías intentar venderles algo de inmediato? Es cierto que las personas que leen tu anuncio pueden estar listas para comprar inmediatamente, pero **la gran mayoría** no estarán listos para tomar una decisión de compra el mismo día que leen tu anuncio— aunque estén interesados en lo que ofreces.

Si no les pones en una base de datos, les perderás. Puede que estén listos para comprar dentro de un mes, seis meses o un año. Pero dado que tu publicidad era de "una sola vez" has desperdiciado esa oportunidad por completo. Las posibilidades de que se acuerden de tu anuncio dentro de seis meses son muy bajas.

Extraer Oro con el Soborno Ético

Incluso en un mercado objetivo estrecho, no hay que tratar a todos los posibles clientes igual.

Todo lo demás es igual, mientras más dinero gastas en marketing para posibles clientes de alta probabilidad, mejores posibilidades tienes de convertirlos en clientes.

¿Recuerdas el arquero del que hablamos en el Capítulo 1? Tiene una cantidad de flechas limitadas e, igualmente, tú tienes una cantidad de dinero limitado para tu campaña de marketing, así que es esencial que lo gastes de manera inteligente.

Por ejemplo, si tienes $1.000 para gastar en una campaña publicitaria que alcanza a 1.000 personas, esencialmente, te estás gastando $1 por posible cliente.

Ahora, piensa que de esas 1.000 personas, 100 son posibles clientes para tu producto. Si les tratas a todos igual, cosa que tendrías que hacer con marketing en masa, estarás gastando $900 en posibles clientes que no están ni interesados ni motivados para poder alcanzar a los 100 que sí están interesados.

¿Y si, en vez de tratarles todos igual, pudieras cribar, ordenar y filtrar para así solo tratar con posibles clientes de alta probabilidad y no gastar tiempo y dinero valioso en posibles clientes que no están interesados?

Podrías gastar los $1.000 enteros en posibles clientes de alta probabilidad. Esto te permitiría gastar $10 en cada uno en vez del mísero dólar por cliente que hubieras gastado si los tratases todos por igual.

Con una potencia de fuego diez veces más fuerte, enfocado en los objetivos correctos, ¿crees que tus tasas de conversión serían mejores? Claro que sí.

Pero, ¿cómo separamos el trigo de la cascarilla? La respuesta corta es, ¡les sobornamos para que nos lo digan!

No te preocupes, aquí no hay nada raro. Ofrecemos un "soborno ético" para que se identifiquen con nosotros. Por ejemplo, una empresa de renovación de cocinas podría ofrecer un catálogo gratuito con las últimas tendencias en diseño de cocinas, materiales y tecnologías.

Cualquier persona que pide este "soborno ético" se está identificando como un posible cliente de alta probabilidad. Ahora tienes, al menos, su nombre y dirección, que puedes poner en tu base de datos de marketing.

Recuerda, el objetivo es crear prospectos. Evita la tentación de intentar vender algo con tu anuncio. En esta etapa temprana, sólo quieres cribar las personas sin interés y motivación, para que puedas crear una base de datos de clientes de alta probabilidad.

Aquí tienes otra razón para evitar vender directamente de tu anuncio: en cualquier momento (de normal) un 3% de tu mercado objetivo está motivado y listo para comprar inmediatamente. Estos son los posibles clientes que quieren los de marketing en masa. Pero, hay otro 7% que está abierto a comprar y otro 30% que está interesado, pero no ahora. El siguiente 30% no está interesado y el otro 30% no pediría tu producto, aunque fuera gratis.

The Market for Your Product or Service

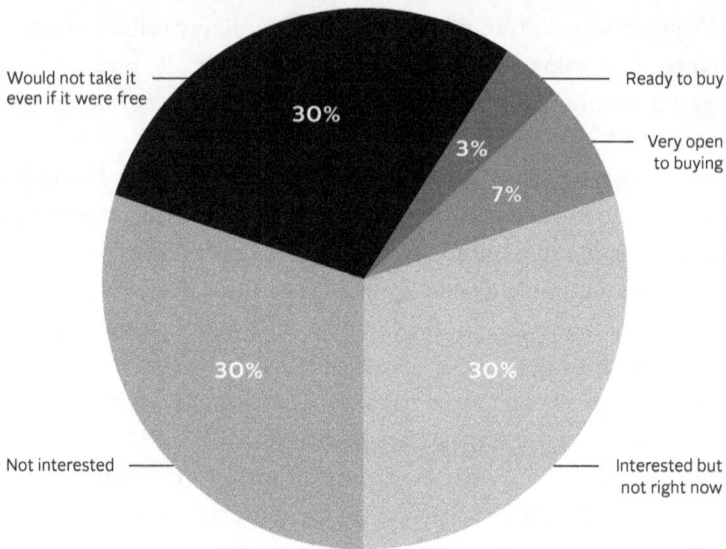

Si intentaras vender directamente de tu anuncio, te estarías centrando en solo el 3% que está listo para comprar y perderías el otro 97%. Si creas un anuncio para prospectos, incrementas tu mercado a un 40%. Haces esto capturando el 3% que son compradores inmediatos pero también capturando al 7% que están abiertos a comprar, al igual que el 30% que está interesado pero ahora mismo no.

Al ir del 3% del mercado al 40%, incrementas la eficacia de tu publicidad por un 1,233%.

Esto tiene otro efecto secundario con las personas que están listas para comprar inmediatamente. Ven que no estás desesperado para conseguir una venta o descontar tu producto o servicio. Ven que estás interesado en crear una relación primero, en vez de saltar directamente a una venta. Este tipo de marketing es similar a sembrar semillas. En una inversión en tu futuro porque, mientras crece tu base de datos, tu negocio y resultados crecen también.

Cuando educas y enseñas, te ven como un experto con autoridad. No te cuestionan; sino que te obedecen y ven que tienes un interés genuino en ayudar a los demás.

Una campaña puede ofrecer un recurso o video gratuito que promete educar a tus posibles clientes sobre las cosas que necesitan saber, cómo evitar ser estafados y lo que deberían buscar. Una vez que tu posible cliente recibe esta información valiosa, les has dado todas las promesas detalladas en tu anuncio.

Su confianza en ti se incrementa. Te posicionas como experto y destacas sobre tu competencia. No les has presionado para comprar con tu anuncio. En vez de eso, has comenzado el proceso de tener el interés de los posibles clientes. Les estás pidiendo que contacten contigo, y cuando lo hacen, se identifican como posibles clientes de alta probabilidad.

Gestionar Tu Mina de Oro

Cuando era niño, me gustaba dibujos animados y programas futuristas. Estaba seguro de que, cuando fuera mayor, todos tendríamos autos voladores. Bueno, por lo que dice mi mujer, aún tengo que crecer, pero aun así, mi transporte principal hoy día sigue siendo terrestre.

Claro, los autos modernos tienen cosas muy chulas, la forma y función básica de los autos no ha cambiado mucho en más de cien años. Eso me lleva a la pregunta, ¿por qué no estamos todos volando en nuestras maquinas voladoras personales?

La tecnología de vuelo personal ha existido durante un tiempo, y su coste es sorprendentemente bajo. En producción en masa, no está muy lejos de lo que cuesta un auto. Así que, ¿cuál es el problema? La respuesta corta es que, simplemente, no hay infraestructura para apoyar el vuelo personal. La gran mayoría de nuestra infraestructura está construida para los autos. Las casas modernas, edificios, y ciudades están diseñados para acomodar a los autos.

¿Por qué algunas empresas tienen un flujo constante de prospectos y posibles clientes? La respuesta es igual que la del dilema de vuelo personal—infraestructura.

Algunas empresas han construido una infraestructura de marketing que crea nuevos prospectos constantemente, hace seguimiento, les cuida y los convierte en clientes fieles. Otras empresas, de hecho, yo diría muchas empresas, hacen lo que yo llamo "actos esporádicos de marketing." Sacan un anuncio de vez en cuando, quizás un sitio web o panfleto. No construyen una infraestructura—o sea, un sistema donde un prospecto nuevo entra por un lado, y un cliente fiel sale por otro.

Estos actos de marketing esporádicos y aleatorios normalmente acaban costando más de lo que dan, que pueda ser desmoralizador y suele llevar a los dueños de empresas a decir cosas ridículas como, "el marketing no funciona en mi industria."

Para crear un **sistema**, necesitamos pensarlo bien de principio a fin. Necesitamos entender cómo funciona y qué recursos necesitamos para hacerlo.

En el centro de tu infraestructura de marketing está tu base de datos de clientes y posibles clientes, pero para poder gestionar bien tu base de datos, necesitas un sistema de crm (customer relationship management) o gestión de relaciones de clientes. El sistema crm es el sistema nervioso de tu marketing. Es dónde gestionas tu mina de oro.

Quieres que todos tus prospectos, todas las interacciones con tus clientes acaben en tu crm. Aquí es donde la cosa se pone emocionante.

Capítulo 4 Artículo de Acción:

¿Cuál es Tu Sistema para Capturar Prospectos?
Rellena el cuadrado #4 de tu plantilla del Plan de Marketing de 1-página.

5

CUIDANDO LOS PROSPECTOS

Capítulo 5 Resumen

Cuidar de los prospectos es el proceso de llevar a personas que están un poco interesados en lo que ofreces a desearlo y querer hacer negocios contigo. El proceso de cuidado de los prospectos asegura que estos están interesados, motivados, cualificados, y con una predisposición para comprar antes de que tú les intentes vender algo.

Los puntos que veremos en este capítulo incluyen:

- El secreto detrás del "mejor vendedor del mundo" del libro Guinness de los Records.
- Por qué el dinero está en el seguimiento y como aprovechar esto
- Cómo aniquilar a tu competencia y posicionarte por encima de todos
- Una estrategia simple para mover tus posibles clientes por el ciclo de compra
- Por qué una "infraestructura de marketing" es esencial para tu éxito y cómo crear una
- Los tres tipos de persona que necesitas en tu equipo para hacer que tu negocio funcione
- Como aprovechar el talento internacional para asegurar el éxito de tu negocio

Cuidando Los Prospectos

El Secreto Detrás del Mejor Vendedor del Mundo

JOE GIRARD ESTÁ en el Record Guinness del Mundo como "el mejor vendedor del mundo." Ha vendido más artículos de alta calidad, uno a uno, que cualquier otro vendedor en la historia. ¿Estaba vendiendo una tecnología alucinante que todo el mundo necesitaba? No. ¿Estaba vendiendo a los mega-ricos? No. Vendía autos normales a personas normales. Entre los años 1963 y 1978, vendió más de 13.000 autos en un concesionario de Chevrolet. Sus números son impresionantes:

- En total, vendió 13.001 autos. Eso es una media de 6 autos por día.
- En su mejor día, vendió 18 vehículos.
- En su mejor mes, vendió 174.
- En su mejor año, vendió 1.425.
- Joe Girard vendió más autos él sólo que el 95% de todos los concesionarios en América del Norte.
- Para hacer su logro aún más impresionante, eran todas ventas al por menor—uno por uno. Ni una venta al por mayor.

¿Cuál fue el secreto del éxito de Joe? Él dice que varios, incluyendo trabajar duro y ser amable. Sin descontar estos factores, estoy seguro de que había miles de vendedores en aquellos años con estas dos cualidades admirables, pero no vendían ni una fracción de lo que vendía Joe. Una de las cosas más destacables que hizo Joe fue mantener el contacto con sus clientes constantemente. Mandaba una tarjeta personalizada cada mes a su lista de clientes. En enero, mandaba una tarjeta de Año Nuevo que dentro ponía, "Me caes bien."

Lo firmaba con su nombre y lo sellaba con los datos del concesionario donde trabajaba. En febrero, su lista recibía una tarjeta de San Valentín. Otra vez, el mensaje de dentro era, "Me caes bien."

Cambiaba el tamaño y color del sobre, y cada uno estaba escrito a mano y sellado. Esto era esencial para pasar la criba del correo ordinario, donde las personas se ponían cerca de la basura y tiraban todo lo que parecía anuncios, ofertas de tarjeta de crédito, y otros tipos de correo basura. Él quería que sus clientes abriesen el sobre, viesen su nombre, leyesen el mensaje positivo y se sintiesen bien. Hacía esto mes tras mes, año tras año, sabiendo que, eventualmente, necesitarían un auto nuevo. Y cuando eso ocurriera, ¿en quién crees que iban a pensar? Al final de su carrera, mandaba 13.000 cartas cada mes y necesitó contratar a un asistente para ayudarle.

Para cuando llevaba una década trabajando, casi dos terceras partes de sus ventas eran de antiguos clientes que volvían. Llego al punto en el que los clientes llamaban para hacer una cita para comprar su auto con él. Todo lo contrario que los demás vendedores, que tenían que esperar a ver si los clientes entraban a comprar.

Hacer Marketing Como Un Agricultor

¿Cuál crees que es el número medio de veces que un vendedor hace seguimiento de un prospecto? Si tu respuesta es una o dos veces, estás en lo cierto.

El 50% de los vendedores abandonan después de contactar una vez, el 65% después de dos veces y el 79.8% después de tres veces. Imagina que un agricultor planta semillas y luego se niega a echarles agua más de una o dos veces. ¿Tendría una buena cosecha? Claro que no.[2]

---

2   Estas estadísticas se citan mucho en ámbitos de ventas y marketing. Intenté buscar la fuente original de estas cifras, pero después de unas horas de investigación, lo mejor que encontré fue "basado en las investigaciones de centros nacionales." Como con casi todas las estadísticas, no hay que tomarlas muy en serio. Pero, independientemente de la fuente o cómo de específicas son estas cifras, en mi experiencia, son certeras. El hecho es que muy pocos vendedores se molestan en hacer un seguimiento más allá de un par de veces.

En el marketing, **el dinero está en el seguimiento.** Con esta base, construimos el modelo irresistible de cuidar a los prospectos.

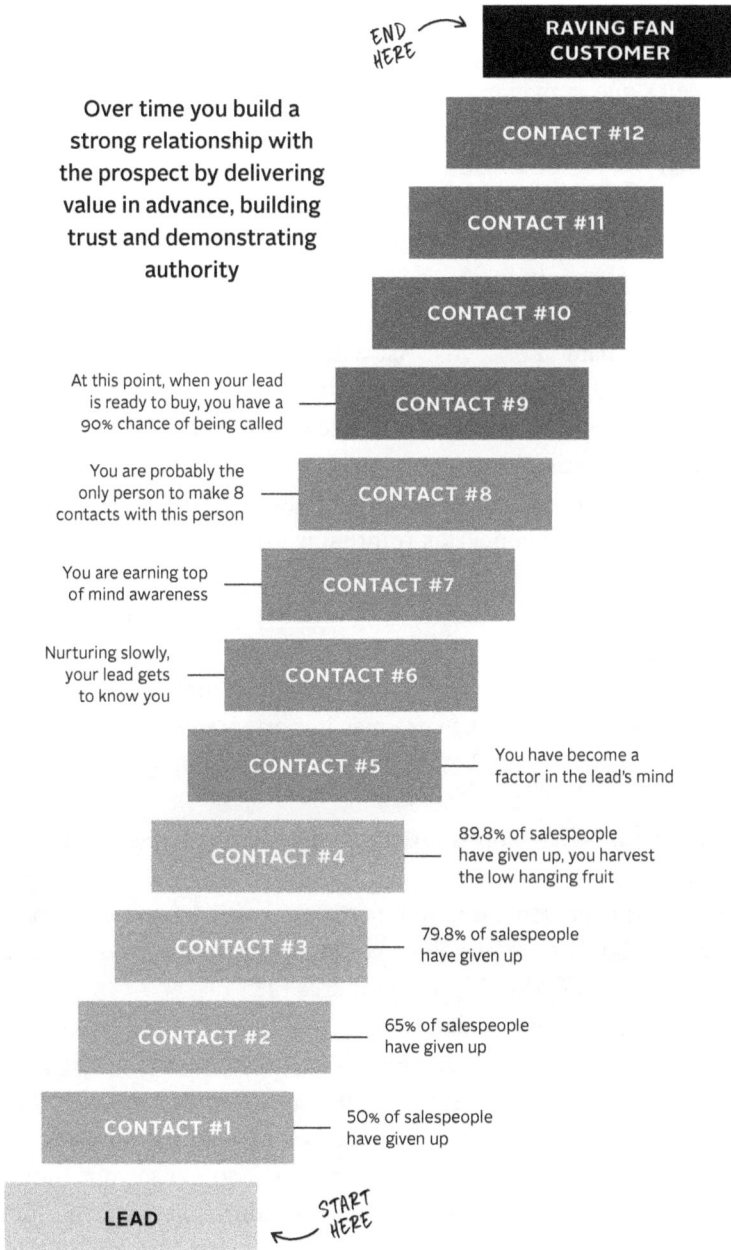

END HERE →

RAVING FAN CUSTOMER

Over time you build a strong relationship with the prospect by delivering value in advance, building trust and demonstrating authority

CONTACT #12

CONTACT #11

CONTACT #10

At this point, when your lead is ready to buy, you have a 90% chance of being called — CONTACT #9

You are probably the only person to make 8 contacts with this person — CONTACT #8

You are earning top of mind awareness — CONTACT #7

Nurturing slowly, your lead gets to know you — CONTACT #6

CONTACT #5 — You have become a factor in the lead's mind

CONTACT #4 — 89.8% of salespeople have given up, you harvest the low hanging fruit

CONTACT #3 — 79.8% of salespeople have given up

CONTACT #2 — 65% of salespeople have given up

CONTACT #1 — 50% of salespeople have given up

LEAD ← START HERE

Inmediatamente después de capturar a un prospecto, tienen que entrar en tu sistema, donde les contactarás múltiples veces durante un periodo de tiempo. Contactar no significa intentar hacer que compren algo. En este proceso, creas una relación, les das valor antes de que compren nada, creas confianza y demuestras autoridad en tu industria.

Acepta que la mayoría de las personas no están listas para comprar de inmediato. Ponles en una base de datos—y esta base de datos puede ser datos de email o de correo ordinario (preferiblemente ambos). Mándales algo regularmente para mantener el contacto, para posicionarte como experto en tu industria (hablaremos más de esto en el siguiente capítulo).

Como un agricultor, preparas a tus posibles clientes para que estén listos para la cosecha. Así como Joe Girard lo hizo, con el tiempo tú también puedes construir un gran embudo de potenciales clientes con los que estarás en la mente cuando estén listos para comprar. Aún más emocionante es que ya tendrán una predisposición para hacer negocios contigo gracias a todo el valor que les has dado. No necesitarás convencerlos o intentar una venta desesperada; la venta es el siguiente paso más lógico.

Esta lista de posibles clientes y tu relación con ellos se convertirán en el recurso más valioso de tu empresa. Es la gallina de los huevos de oro. Cuando el cliente esté listo para comprar, serás bienvenido, un invitado, no un estorbo. La cosa más importante de este mensaje es ser un agricultor del marketing. Es un proceso simple de tres pasos:

1. Hacer publicidad con la intención de buscar a personas interesadas en ti. Hazlo ofreciendo un recurso gratuito o un contenido valioso que presente una solución a un problema que están experimentando. Esto te posiciona como un experto y un educador en vez de un vendedor. ¿A cuál prefieres tú?
2. Añádelos a tu base de datos.
3. Cuidar de ellos continuamente y darles valor; por ejemplo, un boletín de noticias de tu industria o información de cómo aprovechar al máximo lo que tienes u ofreces. Importante: No lo hagas constantemente como venta. Eso cansa muy rápido. Asegúrate de ofrecerles algo de información valiosa con una oferta

especial o una promoción. Y más importante aún, asegúrate de mantenerte en contacto regularmente, si no, el posible cliente se olvidará de ti y tu relación se convertirá en la de un cliente desinteresado y un vendedor molesto.

Si te conviertes en un "agricultor del marketing," tendrás una cosecha rica y continua conforme tu base de datos crece en cantidad y calidad.

Crear Tu Infraestructura de Marketing

En el capítulo anterior, presentamos el concepto de marketing con la intención de capturar prospectos. Capturar prospectos es una cosa, pero lo que haces con estos prospectos es lo que te separa de los demás. ¿Alguna vez has experimentado el pedir información sobre un producto o servicio y no recibir un seguimiento? ¿O quizás has recibido un presupuesto y un mensaje o llamada de seguimiento y nada más? Esto es señal de una infraestructura de marketing rota.

La pena es que mucho, casi todo, del seguimiento que hay que hacer puede ser automatizado con un sistema crm. Muchos buenos sistemas de crm se pueden configurar para mandar un email o mensaje de texto automáticamente a un cliente o alertar a un vendedor para llamar y hacer un seguimiento. La automatización se puede programar basada en una acción que toma el posible cliente, siguiendo preguntas y compras o basada en temporizadores. Los sistemas automatizados te permiten ordenar, cribar y pasar posibles clientes para aprovechar tu tiempo con más efectividad.

Ahora que tienes una base de datos de posibles clientes de alta probabilidad, **tu trabajo es hacer marketing hasta que compren o se vayan.** Parece que estoy defendiendo el ser ofensivo y molestar a la gente hasta que compren. No podría estar más lejos de la realidad.

La formación de venta tradicional se centra en tácticas de presión como "estar a punto de cerrar," y otras técnicas bobas basadas en presionar. Hace que el vendedor sea algo molesto que el posible cliente quiere evitar.

En vez de ser una molestia, conviértete en un invitado bienvenido. Manda a tus posibles clientes de alta probabilidad, información continua de valor hasta que **estén listos** para comprar. Esto puede ser con el formato de tutoriales, artículos, casos prácticos o incluso algo tan sencillo como un boletín informativo mensual que está relacionado con su área de interés. Esto crea confianza y buena gana, y te posiciona como un experto y educador en vez de solo un vendedor.

Diferentes herramientas de tecnología hacen fácil automatizar el mecanismo de seguimiento continuo, haciendo que sea una forma barata y efectiva para crear una base de posibles clientes interesados y motivados. Algunos de los posibles clientes se convertirán en clientes de inmediato, mientras que otros tardarán semanas, meses o incluso años. El hecho es que, para cuando estén listos para comprar, hayas creado una relación sólida basada en valor y confianza. Esto te convierte en la elección lógica cuando llegue el momento de tomar una decisión de compra. Esto es una de las maneras más éticas de vender, porque está basada completamente en la confianza e intercambio de valor. Mientras que tu competencia dispara flechas ciegamente en todas las direcciones con la esperanza de dar con uno del 3% de compradores inmediatos, con esta técnica, centras todo tu poder de fuego en un objetivo claro y visible.

Tu infraestructura de marketing estará compuesta de "recursos." Aquí hay algunos de los activos que podrías considerar desplegar en tu infraestructura de marketing:

- Sitios web de captura de clientes potenciales y páginas de aterrizaje
- Webinars en vivo, pregrabados e híbridos
- Boletines de correo electrónico
- Artículos, recursos y piezas de contenido de largo formato
- Informes de la industria, white papers y estudios de caso
- Secuencias de correo directo
- Secuencias de correo electrónico
- Redes sociales
- Videos

- Podcasts
- Anuncios impresos
- Notas escritas a mano
- Secuencias de mensajes de texto
- Paquetes de impresión de impacto (lo veremos en la siguiente sección)

Muchos de estos forman parte de mi propia infraestructura de marketing. Con el tiempo, sigo construyendo activos de marketing más grandes y sofisticados. Cada uno tiene un lugar y un propósito. Todos los anuncios que ejecuto están diseñados para integrar clientes potenciales fríos en este sistema y eventualmente convertirlos en clientes entusiastas y fieles.

Eso sí, cuesta tiempo y dinero crear una infraestructura de marketing así, pero, al igual que la construcción de carreteras o vías de tren, la mayoría del tiempo y coste está al principio. Después, es solo mantenimiento y mejora continua.

Y aquí está lo emocionante: gracias a las avances en tecnología, mucho de mi sistema de marketing está automatizado, lo que me da una ventaja enorme. Cuando encuentro una combinación que funciona, puedo mandarlo una y otra vez y conseguir los mismos resultados.

Conforme sigo aumentando mi infraestructura de marketing, mis resultados continúan mejorando. ¿Y tú? ¿Estás creando una infraestructura de marketing? ¿Estás constantemente creando y mejorando tu sistema de marketing?

Hacer esto es lo que te va a poner delante de tu competencia, quienes seguirán haciendo actos esporádicos de marketing.

Correo Abultado y el Paquete de Shock y Asombro

En el Capítulo 3, hablamos sobre el poder del correo ordinario como medio publicitario. "Correo abultado" es una forma de usar este medio, dándole esteroides. Piensa en tus hábitos con tu correo.

Tienes un montón de sobres, y te das cuenta de que uno de tus sobres tiene algo que lo hace abultado. Hay un objeto físico ahí dentro, quizás un libro, una muestra del producto o cualquier otra cosa. ¿Cuál de los sobres vas a abrir primero y prestar más atención? Si eres como los demás, será el sobre abultado.

El correo abultado llama la atención y te permite ser muy creativo con tus campañas de correo directo. En la industria del correo directo, Los objetos que se ponen para llamar la atención se llaman "agarradores." Los agarradores marcan el tono de tu carta. Por ejemplo, puedes poner una papelera pequeña de plástico dentro del sobre con el título "Deja de Gastar Dinero." O quizás pones un imán con el tema "Atrae a Más Clientes." Suena cursi y puede que así sea, pero llama la atención, entretiene y, más importante, si se hace bien, consigue resultados.

Los libros y juguetes de escritorio de alta calidad son otros excelentes artículos que puedes insertar en sobres para hacerlos abultados. Aparte de llamar la atención, una vez abierto, no se suelen tirar estos objetos. Tus clientes y posibles clientes seguramente se los quedarán y eso les recordará a ti cada vez que lo vean.

Llevar el correo abultado al siguiente nivel es el "paquete de shock y asombro."[3] El paquete de shock y asombro es quizás una de las herramientas de seguimiento de marketing de respuesta directa más poderosas que existe. Cuando se hace bien, puede incrementar drásticamente las conversiones y posicionarte muy por encima de tu competencia. Es tan poderoso que aniquila a tu competencia y te pone en un nivel totalmente nuevo. La cosa más alucinante del paquete de shock y asombro es que, incluso si tu competencia se entera de lo que estás haciendo, normalmente no te copian. Casi nadie hace esto.

En el capítulo anterior, hablamos sobre la importancia de recoger los datos de los posibles clientes que han mostrado interés. El propósito de esto es, está claro, mantener el contacto con ellos y cuidarles hasta que estén listos para convertirse en clientes.

---

3   Generalmente se da crédito del nombre y concepto de ser la invención de la leyenda del marketing directo a Dan Kennedy.

Ahora piensa sobre la última vez que pediste información sobre un producto o servicio. Quizás llamaste, mandaste un email o pediste información por un formulario en un sitio web. Hiciste el baile típico de los posibles clientes de "manda más información." ¿Qué recibiste en respuesta a esto? Seguramente, la empresa donde pediste información hizo una de estas tres cosas:

- Enviarte un enlace a un sitio web
- Enviarte un email (quizás con algo adjunto)
- Hablar contigo por teléfono y contestar a tus preguntas.

Puede que hayan hecho todas o algunas de estas cosas. ¿Ves lo que pasa? Responden a tu consulta de la manera más barata y eficiente. No hay nada malo con barato y eficiente, pero no entretiene, alegra ni inspira a nadie. Nadie se va a parar a decir, "Vaya, me han mandado un archivo PDF con toda la información. ¡Alucinante!"

En tus primeras interacciones con posibles clientes, tienes la oportunidad de crear una de estas tres impresiones:

1. Lo de siempre
2. Aburrido
3. Increíblemente alucinante

La mayoría de dueños de empresas eligen la opción 1; una cantidad sorprendente eligen la opción 2 y casi nadie elige la opción 3. Tu trabajo es buscar la manera de ser la opción 3. Afortunadamente, no tienes que reinventar nada. Un "paquete de shock y asombro" es una de las mejores maneras de ser increíblemente alucinante.

Un paquete de shock y asombro es, en esencia, una caja que mandas a tus posibles clientes llena de recursos únicos y llenos de beneficios que están relacionados con tu empresa o industria. Aquí hay algunas cosas que puedes y deberías incluir en tu paquete de shock y asombro:

- Libros: las personas están condicionados a no tirar libros. Un plus si el libro lo has escrito tú. Los libros son herramientas de posicionamiento geniales y te llevan desde ser un vendedor a un educador y experto de forma instantánea.

- Guías visuales fáciles de entender que te presentan a ti mismo y a los problemas específicos que tu producto, servicio o negocio resuelve para tu prospecto.
- Testimonios de clientes anteriores; un portafolio de historias de éxito de clientes; fotos de antes y después.
- Menciones en los medios, características o artículos sobre ti, tu producto o tu industria.
- Panfletos, cartas de venta u otro material de marketing.
- Informes independientes u oficiales que demuestran el valor de tu producto o servicio.
- Una muestra de tus productos o servicios. Cupones o tarjetas de regalo con valor pueden ser muy poderosos ya que siente como una "pérdida de dinero" tirarlos a la basura. También motivará al posible cliente a probar tu negocio.
- Objetos raros y regalos que entretienen, informan y alucinan. Hay de todo, desde tazas de café personalizadas a iPads.
- Notas manuscritas dándoles las gracias por contactar contigo o volviendo a la conversación que mantuviste por teléfono.

¿Queeeeee? Te oigo decir. ¿Correo ordinario en esta "era digital" de acceso instantáneo y bajo demanda? La respuesta es, SI. Confía en mí, a nadie le gusta más la tecnología que a mí. Me encanta todo la tecnología nueva y estoy constantemente pegado a la pantalla. Sin embargo, como muchas personas, me encanta recibir paquetes—y más cuando no los espero.

Mientras que el correo ordinario antes era más voluminoso, ahora es mucho más fácil entregar con correo físico y, especialmente, paquetes. Si algo en una caja de correos acaba en tu mesa, ¿Cuánto tiempo pasará hasta que lo abras? Si eres como la mayoría, diría yo que no mucho.

No digo que no deberías mandar respuestas inmediatas a consultas de información usando el teléfono, email o sitio web, pero entiende que las primeras interacciones con un posible cliente son sagradas y se tienen que tratar con cuidado. No se debe dejar nada al azar. Un paquete de shock y asombro es una buena herramienta para dar esa emoción de alucinación a tu posible cliente.

Un paquete de shock y asombro tiene que hacer tres cosas:

- Dar un valor inesperado y alucinante a tu posible cliente.
- Posicionarte como un experto y una persona de confianza en tu sector.
- Mover a tu posible cliente más cerca de hacer una compra de lo que estaba antes.

¿Cómo de potente es esto comparado con la respuesta estándar de, "Claro, te mandaré un email con más información"?

Una objeción común al paquete de shock y asombro es que son muy caros. En el capítulo anterior, hablamos sobre esto, todo lo demás siendo igual, mientras más dinero te gastas en marketing para posibles clientes de alta probabilidad, mejor posibilidad tienes de convertirlos en clientes. De eso se trata el paquete de shock y asombro. Si puedes gastar más que tu competencia sorprendiendo a tus posibles clientes, llegarás más lejos que ellos. Claro **está que tienes que conocer tus cifras**, en particular, cifras como valor de vida del cliente, si no acabarás con cifras negativas. **No puedes sustituir el buen marketing por las malas matemáticas.**

Las cifras tienen que cuadrar. A no ser que estás en un negocio puramente transaccional con un margen extremadamente bajo (algo que no recomiendo en absoluto), los números tienen que ser positivos, y mandar un paquete de shock y asombro tiene que ser muy económico. No cometas el error de ser tacaño y eficiente cuando se trata de ganar a tus posibles clientes. Los paquetes de shock y asombro son una ventaja enorme contra tu competencia. La mayoría de tu competencia no los entenderá, e incluso los que sí, no suelen tener el valor de usarlos porque, como con casi todos los negocios, no conocen sus números. Puede que lo vean muy caro; ya que hay formas más baratas y eficientes para conseguir clientes. Deja que tu competencia haga el marketing barato y eficiente mientras que el tuyo entretiene, alegra, inspira y asombra. Os separará muchísimo.

Ser un Prolífico del Marketing

Una de las cosas en común que tienen las empresas de crecimiento alto es que se centran mucho en el marketing y hacen muchas ofertas. Algunas de estas ofertas acaban fallando mientras que otras aciertan. Lo emocionante es que no necesitas muchos aciertos para compensar los fallos, especialmente si haces "apuestas pequeñas" probando antes con un segmento pequeño de tu lista.

Hacer muchas ofertas te ayuda a tener un buen sentido de lo que funciona y de lo que no. Cuando te conviertes en un prolífico del marketing, es más fácil ver tendencias y medir la respuesta con múltiples pruebas.

Otro atributo importante de empresas de crecimiento alto es que no son tímidas con sus ofertas. Se arriesgan, usan contenido llamativo y hacen garantías desorbitadas.

¿Podría ser tan simple? ¿Hacer ofertas más llamativas y frecuentes? La respuesta fácil es sí. Los fundamentos nunca cambian. Claro, ahora hay más medios publicitarios por los que podemos hacer ofertas, nueva tecnología de marketing para ayudarte a hacer seguimiento de tu ROI y pruebas, pero los fundamentos nunca cambian.

Ofertas más llamativas y frecuentes = crecimiento rápido de empresa.

Ser más prolífico con tu marketing creará emoción en tu empresa. Tus clientes y posibles clientes empezarán a fijarse en ti y empezarás a destacar entre la multitud y llenar tu negocio de ventas.

Cualquier cambio que se convierte en parte de tu rutina, sea positivo o negativo, tendrá un impacto grande en el futuro. Si haces que la creación y envío de ofertas a los clientes y posibles clientes en tu lista parte de tu rutina, en un tiempo corto tendrás un negocio completamente diferente.

Hacer ofertas regulares te hará hacer mejor marketing. Mejorar en la ciencia del marketing es clave para hacer crecer tu empresa. Y cuando mejoras, todo mejorará.

Créalo, Hazlo Real y Repítelo

En el colegio nos enseñan a ser independientes. Tienes que aprobar matemáticas, ciencias y lenguaje para pasar al siguiente nivel. Imagina si unes tus talentos con algunos amigos. Un amigo que es bueno en mates hace todos los exámenes de mates. Otro amigo que es bueno en ciencias hace todos los exámenes de ciencias. Por último, tú haces todos los exámenes de lenguaje porque eres bueno en eso. En el colegio, ese tipo de trabajo en equipo se llama hacer trampa y es posible que te hubieran castigado o expulsado. Pero, en los negocios, juntar diferentes talentos para un mismo objetivo es exactamente la estructura que resulta en un resultado exitoso. Los negocios son un deporte en equipo, uno en el que nunca vas a ganar solo.

Hace falta diferentes "perfiles" para hacer funcionar un negocio. Aquí hay tres principales:

1. **El Emprendedor:** la persona con ideas y visionario. Ven un problema o hueco en el mercado y están dispuestos a arriesgar para solucionar ese problema y ganar un beneficio. **Ellos lo crean**, por ejemplo, ven un hueco en el mercado para un producto en particular y contratan a las personas necesarias para crear el negocio.
2. **El Especialista:** la persona que implementa la visión del emprendedor. Puede ser un ingeniero, un capitalista aventurero, un diseñador gráfico, etc. Toman la visión, o parte de ello, y ayudan a que se haga realidad. **Lo hacen real**, por ejemplo, construir una fábrica para producir el producto, usar las herramientas, crear el embalaje del producto.
3. **El Gerente:** van todos los días y aseguran que las cosas se hacen, el trabajo se entrega, y la visión está en funcionamiento. **Lo repiten**, por ejemplo, dirigir la fábrica, asegurar que todo se manda a su hora, asegurar la calidad del producto.

Hacen falta los tres perfiles para que un negocio funcione, pero es extremadamente raro que una persona pueda hacer las tres cosas. Muchos dueños de negocios pequeños son el emprendedor o el especialista, o ambos, pero rara vez son el gerente.

Aunque seas el único que trabaja en tu negocio, tienes que buscar la manera de cubrir estos tres puestos. Puedes hacer esto contratando o subcontratando a alguien. Muchos dueños de pequeñas empresas intentan hacer demasiado y al final, algunas cosas se dejan sin hacer. La falta de un gerente es normalmente la razón por lo que una infraestructura de marketing no se hace bien. Es la razón por lo que los boletines de email no se hacen o los paquetes de shock y asombro no se mandan. El dueño del negocio puede estar de acuerdo que son buenas ideas para cuidar de los prospectos (y lo son), pero están muy ocupados siendo el emprendedor o especialista y, en la ausencia de un gerente cuidando de la infraestructura del marketing, las cosas operativas no se completan.

¿De qué sirve tener herramientas y recursos de marketing sofisticados como el paquete de shock y asombro si no se usan constantemente?

Es probable que ya tengas estos tres perfiles en otras partes de tu negocio. Por ejemplo, cuando empezaste, tenías una idea y visión de lo que ibas a construir—lo creaste. Puede que luego contratases a un abogado para la parte legal de la empresa—tu abogado lo hizo real. Luego, cada año, puede que tengas un contable para ayudarte con los impuestos—tu contable lo repite.

Es esencial que hagas lo mismo con tu infraestructura de marketing. Pon los sistemas a funcionar (hablaremos más sobre sistemas en el Capítulo 7). Piensa en ideas de marketing, o mejor aún, roba descaradamente las que hay en este libro; contrata a diseñadores gráficos, desarrolladores de web, y escritores para hacer tus ideas realidad; y luego busca ayuda administrativa o servicios de ejecución para repetirlos. Como hemos visto antes, mucho de esto puede ser automatizado y lo que no puede ser automatizado tiene que ser delegado. Es demasiado importante como para olvidarlo. La falta de una infraestructura de marketing funcional hará daño, o matará a tu negocio.

La razón por la que no olvidas tus obligaciones anuales de impuestos es porque el gobierno te obliga a hacerlos. Su calendario dicta cuando hay que hacer la declaración de la renta y cuando se tienen que pagar los impuestos.

Puedes replicar un mecanismo similar con un "calendario de marketing." Un calendario de marketing marca las actividades que tienen que ocurrir cada día, semana, mes, seis meses y año, y los pones en tu horario igual que harías con todos los otros eventos importantes de tu empresa.

Por ejemplo, a lo mejor decides que el siguiente calendario es lo que tu empresa necesita:

- **Diario:** mirar las redes sociales y contestar a los mensajes.
- **Semanal:** Escribe un contenido y envía el enlace en un correo electrónico masivo a los suscriptores de la lista de correos electrónicos.
- **Mensual:** Realiza un seminario web educativo y responde preguntas de los asistentes.
- **Bi-anual:** a tus clientes pasado que no han comprado nada últimamente, mándales una email de reactivación.
- **Anual:** manda a todos tus clientes una cesta regalo, dándoles las gracias por confiar en ti.

Una vez que tengas claro lo **que** necesitas hacer y **cuando,** la única pregunta que queda es **quien** va a ser el responsable de hacer cada una de estas actividades de marketing. Repito, si estás tú solo en tu empresa, no intentes hacerlo todo tú. Donde sea posible, haz que estas actividades repetitivas sean responsabilidad de otro.

Aparte de actividades de marketing regulares y programadas, necesitas considerar actividades de marketing de eventos puntuales. Por ejemplo, piensa en estos eventos puntuales y las acciones correspondientes:

- **Conoces a un posible cliente en un evento de negocios:** Ingresa sus detalles en tu sistema CRM y añádelos a tu lista de correo electrónico.
- **Recibes una consulta de venta:** manda una carta manuscrita y tu paquete de shock y asombro.
- **Recibes un nuevo suscriptor en tu lista de email de tu página web:** añádelo a tu sistema de crm, que les mandará automáticamente un email que contiene una serie de cinco videos de formación para ver en los siguientes 30 días.
- **Recibes una queja de cliente: después de resolver la queja,** mándales una carta de disculpa manuscrita y un cupón descuento de $100 para su próxima compra.

Repito, dónde sea posible, haz que estas actividades de eventos puntuales sean la responsabilidad de otro. Esto te dejará tiempo libre para ocuparte de las tareas de marketing más importantes como diseñar y probar nuevas campañas de marketing o mejorar el valor que ofreces. Pocas actividades de empresa dan tanto como las que haces en marketing.

Aunque tu negocio sea pequeño, contrata ayuda administrativa en forma de un gerente que "llevará la fábrica" y se asegurará que todos tus eventos de marketing programados y de eventos puntuales ocurran y se repitan. Como emprendedores, tenemos el pensamiento de "yo puedo." Esto suele significar que cuando hay que hacer algo, estamos tentados a remangarnos y hacerlo. Sin embargo, pasar mucho tiempo haciendo cosas que no son tu especialidad o no son un buen uso de tu tiempo pueden ser ejercicios muy caros. Recuerda, el dinero es un recurso renovable—siempre puedes conseguir más dinero, pero no puedes conseguir más tiempo.

Otro miedo común de delegar o subdelegar tareas es la calidad. ¿Harán el trabajo igual de bien que lo harías tú? La respuesta es que, probablemente, no. Pero una regla general que me gusta usar es **si alguien puede hacerlo el 80% de bien de lo que harías tú, deberías delegarlo.**

Delegar puede ser difícil, especialmente si eres un loco del control y un perfeccionista como son la mayoría de los perfiles emprendedores. Pero es necesario si quieres conseguir adaptabilidad y ventaja en tu negocio. Si no, acabarás cobrando lo mínimo para tareas rutinarias mientras sacrificas tareas de alto valor como crear tu infraestructura de marketing, que puede llevar a tu negocio al siguiente nivel.

Aquí hay unas palabras sabias de Jim Rohn:

Aprende a separar las cosas grandes de las pequeñas. Muchos no tienen éxito simplemente por ser pequeños en cosas grandes.

No confundas movimiento por logro. Es fácil fingir que estás ocupado. La pregunta es: ¿ocupado haciendo qué?

Los días son caros. Cuando pasa un día, ya te queda un día menos. Aprende a pasar cada día lo mejor posible.

No podemos permitirnos gastar mucho tiempo en cosas pequeñas, al igual que no gastamos poco tiempo en cosas grandes.

El tiempo es más valioso que el dinero. Puedes obtener más dinero, pero no puedes obtener más tiempo.

El tiempo es el secreto mejor guardado de los ricos.

Finalmente, la queja más común es que es demasiado caro contratar a alguien. Esto puede haber sido cierto hace unos años, pero ya no lo es gracias a la maravilla del trabajo online. Hay una enorme cantidad de talento en Asia, India, y Europa del Este que trabajarán para ti por mucho menos que las personas que tienes cerca.

Hay una buena razón por lo que las empresas grandes trasladan sus operaciones rutinarias a estos sitios. Están llenos de trabajadores con talento, disposición, educación y que hablan diferentes idiomas.

Puedes asignar tareas y éstas se completarán mientras duermes. Y más importante, no solo es el coste, si no la adaptabilidad. De forma local, tienes que tratar con mucho papeleo cuando contratas o despides a alguien. Sin embargo, gracias a los tableros de trabajo y mercados para freelancers, puedes contratar un ejército de asistentes personales, diseñadores gráficos, desarrolladores web y casi cualquier otra habilidad que puedas imaginar.

Internet ha quitado las barreras geográficas y ha permitido a todos trabajar por todo el mundo. Nunca antes habíamos tenido tanto talento disponible a precios tan asequibles.

Claro, ocasionalmente surge el viejo argumento del patriotismo y crear trabajos locales, pero ¿cuántos trabajos locales vas a crear si no puedes implementar estrategias de marketing esenciales y te quedas sin negocio? La globalización del empleo y talento es una realidad y lo ha sido durante ya un tiempo. Anteriormente, era el dominio de las empresas multinacionales, pero la contratación internacional ahora está al alcance de las pequeñas y medianas empresas y para emprendedores como tú y yo. Esto cambia el juego por completo.

Como emprendedores, nuestro trabajo es aceptar el cambio y buscar ventaja y beneficio en vez de luchar contra ello.

Conforme tengas más éxito, ayudarás a crear trabajos locales como resultado implícito. Cuando cambias de casa, donas a una ONG o compras un auto nuevo, estás creando trabajos locales y beneficiando a tu comunidad, lo que no sería posible si tu negocio fracasa.

Capítulo 5 Artículo de Acción:

¿Cuál es Tu Sistema de Cuidado de Prospectos?
Rellena el cuadrado #5 de tu plantilla del Plan de Marketing de 1-página.

6

CONVERSIÓN
DE VENTAS

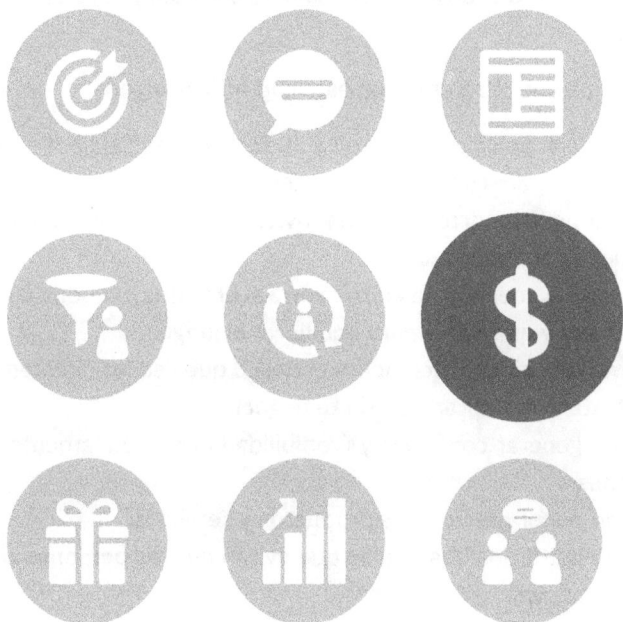

Capítulo 6 Resumen

La conversión de ventas se trata de crear suficiente confianza y demostrar suficiente valor para motivar a los prospectos interesados a convertirse en clientes que compran. Posicionarte correctamente hará que el proceso de conversión de ventas sea fácil y natural para ti y tu cliente.

Los puntos que miraremos en este capítulo incluyen:

- Por qué el posicionamiento es un factor esencial para cobrar precios altos para tus productos y servicios.
- Cómo posicionarte como un invitado bienvenido en vez de una molestia cuando vendes.
- Por qué la suerte está en tu contra si eres una pequeña o mediana empresa y qué hacer para equilibrar el juego.
- Cómo reducir drásticamente el riesgo que ven los clientes cuando se trata de comprar algo de tu negocio
- Cómo generar confianza y credibilidad instantáneamente cuando vendes.
- Cómo poner precio a tus productos y servicios.
- Cómo quitar los obstáculos que evitan que las personas compren en tu negocio.

Conversión De Ventas

Todos Los Perros Muerden

P UEDE QUE HAYAS escuchado el viejo chiste de la película clásica La Pantera Rosa Ataca de Nuevo. Peter Sellers, quien hace del desafortunado Inspector Clouseau, ve un perro y, con su acento francés ridículo, le pregunta al hombre cerca del perro, "¿Tu perro muerde?" El hombre niega con la cabeza y contesta, "No." Clouseau se acerca para acariciar al perro y el perro le muerde la mano. Indignado, se gira hacia el hombre de nuevo y le pregunta, "¿No había dicho que su perro no muerde?" El hombre le contesta, "Ese no es mi perro."

A las personas a quienes estás vendiendo, les han mordido muchas veces y ahora creen que todos los perros muerden. A no ser que seas muy conocido en tu sector, ni siquiera estás empezando en territorio neutral, empiezas en territorio negativo. Aunque seas un operador ético, tus posibles clientes no se fían de ti. Por desgracia, es el caso de culpable hasta que se demuestre lo contrario, y tienes que pasar del territorio negativo al positivo, y ganar su confianza para conseguir una venta.

Con la confianza siendo la mayor barrera para una venta, tienes que tener unas estrategias sólidas para la conversión en ventas. Aunque un programa comprensivo de formación de ventas no cabe en este libro, en este capítulo, vamos a mirar algunas estrategias y tácticas que harán más fácil el proceso de conversión en ventas.[4]

---

4 Para un estudio completo de las estrategias modernas de venta, yo recomiendo el libro *SPIN Selling* de Neil Rackham.

Específicamente, vamos a mirar el rol principal del posicionamiento y cómo hacer que este sea parte de tu proceso de conversión basado en la confianza.

En los dos capítulos anteriores, vimos cómo capturar y cuidar a prospectos de alta probabilidad para poder crear confianza, valor y autoridad. Todo esto se hizo con el propósito de hacer que el proceso de conversión de ventas sea natural y fácil. Para cuando tus posibles clientes lleguen al punto de conversión de ventas, tienen que estar ya mentalizados, motivados e interesados y, esencialmente, pidiendo comprar. Si les tienes que convencer para la venta, lo más seguro es que necesites mejorar tu proceso de cuidado.

La mayoría de vendedores se posicionan como mendigos desesperados o vendedores prepotentes y agresivos que usan técnicas de "cierre" estúpidas como el de estar siempre cerrando el negocio, el cierre de prueba o el presunto cierre. Estas técnicas se han convertido en un chiste en el mundo de ventas, a no ser que vendas productos de bajo valor cómo aspiradoras puerta a puerta, van a crear más desconfianza con tu posible cliente que servirte de ayuda.

Otra táctica igualmente mala que usan muchos nuevos empresarios es esperar que las ventas vayan a ocurrir simplemente porque el negocio existe. Algunos abren una tienda física, otros crean un sitio web y piensan que las ventas van a llegar de inmediato. Su estrategia de marketing es la esperanza. Y si, puede que consigan algunas ventas por la suerte de que entre algún posible cliente. Pero es un camino a la frustración garantizado. Muchas pequeñas empresas solo ganan lo justo con ventas para llegar a fin de mes. Luego llegan a la conclusión de que su mercado o industria es demasiada competitiva.

Seamos honestos, no conozco ningún mercado o industria que no sea competitiva. Pero de lo que sí estoy seguro es que en cualquier mercado o industria que mires, por muy competitivo que sea, habrá alguien triunfando y otros fracasando.

Si somos sinceros con nosotros mismos, no podemos echar la culpa al mercado o la industria. Así que, ¿cuál es el problema? El problema es, seguramente que se posicionan como una empresa del tipo "yo también."

Cuando te posicionas de esta manera, tu única herramienta de marketing es gritar lo más alto posible (que es muy caro) o bajar tus precios todo lo posible (que es peligroso).

A no ser que seas un Costco, Wal-Mart u otra empresa enorme, no quieres que lo que te diferencie de los demás sea el precio, es una batalla que no puedes ganar.

En este punto, muchas empresas se dan cuenta de su error y empiezan a hacer declaraciones dudosas y no cuantificables como ser "el mejor," "de la más alta calidad," etc.

No Hay Dinero en Tu Producto o Servicio

Aunque vendas pan recién hecho, servicios contables o apoyo técnico, la forma que haces el marketing tendrá un impacto enorme en los clientes que atraes y la cantidad que puedes cobrar por tus servicios. Una creencia común es que "está en el producto," así que, si tienes un mejor producto o servicio, las personas seguramente te comprarán a ti y pagarán más por ello.

Mientras que esto es así hasta cierto punto, la ley de beneficios decrecientes entra en juego cuando tú producto o servicio llega a un nivel "suficientemente bueno." ¿Cómo de mejor puedes ser en tus servicios de contabilidad o técnicos que tu competencia? Una vez que hayas alcanzado un nivel de aptitudes, **el beneficio real sale de la manera en que haces tú marketing.**

¿Cuánto gana un violinista de fama mundial? Bueno, depende de cómo se vende. ¿Has oído hablar de Joshua Bell? Es uno de los mejores músicos del mundo. Toca para públicos enormes por todo el mundo, ganando alrededor de $1.000 por minuto. Toca un violín Stradivarius de 1713, con un valor de 3.5 millones de dólares. Este violín Stradivarius en particular, teniendo más de 300 años, se conoce como el violín que mejor suena de la historia.

Así que, aquí tenemos al mejor violinista del mundo tocando el mejor violín del mundo. Podemos decir que Bell, como músico, es el mejor en lo que hace. En lo más alto de su Carrera, contactó con él The Washington Post para participar en un experimento social.

Querían que tocase en un metro local durante una hora, mientras pasaban miles de personas que le escucharían tocar.

Y así, en la mañana del 12 de enero 2017, Bell tocó una lista de obras maestras con la funda de su violín abierta. ¿Puedes adivinar cuánto ganó en una hora el mejor violinista del mundo tocando un precioso violín de 3.5 millones de dólares? Un total de $32.

Para ver el video del experimento social de Joshua Bell, visita 1pmp.com

---

El mejor violinista, tocando el instrumento más bonito del mundo, ganó solo $32 de sus "clientes." Ese mismo violinista tocó en la sala de conciertos de Boston un par de noches antes y los miembros del público pagaron $100 o más por entrada. Durante el evento, ganó más de $60.000 por una hora.

El mismo músico de mucho talento, tocando la misma música con el mismo violín, pero en uno de los casos, gana $32 por hora, mientras que en el otro caso, gana $60.000 por hora. ¿Qué causó esta diferencia tan drástica? En una palabra, posicionamiento.

Si eres un músico profesional y te posicionas como un músico callejero, tus "clientes" te tratarán como tal y te pagarán acorde a esto. Pero lo contrario, si te posicionas como un músico profesional de conciertos, atraes un público completamente diferente y, una vez más, te pagarán acorde a ello. En otras palabras, las personas te valorarán según tu propia apreciación de ti mismo—hasta que se demuestre lo contrario.

Claro está, no puedes hacer trampa posicionándote como un músico profesional y luego aparecer y no poder tocar a un nivel alto. Esto es cierto sea cual sea tu negocio. Si tienes un producto o servicio de calidad, ¿qué te frena a posicionarte a un nivel más alto— ofreciendo un precio más alto y atraer a clientes de alta calidad?

Deja de posicionarte como algo básico y competir solo con tu precio. El resultado para tus beneficios será fenomenal.

Ir de Molesto a Invitado Bienvenido

¿Cómo te sientes cuando un amigo querido aparece en tu puerta? Lo contrario a lo que sientes cuando un vendedor desconocido interrumpe tu cena o tiempo con tu familia. ¿Cuál es la diferencia? El primero es un invitado bienvenido, alguien con quien tienes una relación y conexión. El segundo es molesto. No sabes quién es ni de dónde viene, y lo más seguro es que no necesites ni quieras lo que vende.

El invitado bienvenido te trae valor a tu vida, pero el vendedor molesto está ahí para interrumpir y llevarse tu dinero. ¿No estaría genial si pudieras acercarte a un posible cliente y ser tratado como un invitado bienvenido en lugar de algo molesto? Vender se hace mucho más fácil y placentero cuando te dan la bienvenida alegremente y cuando el posible cliente está realmente interesado en lo que ofreces. Esta es la transformación que me gustaría que hicieras en tu empresa y marketing. Ir de algo molesto a un invitado bienvenido.

Muchas empresas intentan vender sin antes crear confianza. O hacen ventas frías o usan métodos de publicidad anticuados que ya no funcionan.

El problema es que estás pidiendo a tu cliente que tome una decisión cuando no tienen ni idea de quién eres ni de qué haces. No te conocen, no les caes bien y no confían en ti aún.

Es como pedir matrimonio en la primera cita—puede que funcione muy de vez en cuando, pero ¿realmente quieres apostar todo tu negocio en una estrategia así? Acabarás con una tasa de ventas de uno de cada diez o uno en cada 20 y gastarás mucho tiempo, energía, y dinero tratando con posibles clientes malos. Es más, gastarás mucho dinero en publicidad mala.

Si tienes un anuncio genérico y te llaman personas y tú les dices, "Claro, pasaré a verte," o "Claro que te puedo ayudar," el problema es que no te conocen y seguramente solo están interesados en el precio, así que tu tasa de conversión seguramente será mucho más baja de lo que podría ser.

En este punto, muchos negocios se enganchan a la "droga de la esperanza." Esta es una droga que viaja por tu cuerpo y mente cuando piensas que tienes un posible cliente interesado que está mandando señales positivas pero que realmente no tiene ninguna intención de comprar. La droga se suele activar cuando el posible cliente te dice, "Cuéntame más sobre tu producto..." "Mándame un presupuesto..." o "Mándame más información." ¿Sabes de qué hablo, cierto? Alguien llama a tu oficina y muestra interés en lo que ofreces y, de forma instantánea, notas el "subidón" de emoción de que esta va a ser tu siguiente venta.

Y luego, después de unos días o semanas, después de seguirles continuamente, te ignoran completamente. Has tenido buenas conversaciones con ellos y han mostrado interés en lo que ofreces pero, de repente, se alejan. Intentas llamarles una o dos veces. Incluso mandas un email de seguimiento, pero nada. Desaparecen sin más. Te das cuenta que has perdido una venta y no sabes qué has hecho mal o qué tiene de malo tu producto. Hace que vender sea un proceso duro y doloroso. La droga de la esperanza es peligrosa porque no está basada en la realidad de lo que piensa tu posible cliente. Mientras más rápido quites esta droga de tu sistema, antes dejarás de perder tiempo de venta en clientes que no te van a solucionar nada.

Con el paso de los años, los posibles clientes se han vuelto más escépticos. Se han quemado muchas veces y, simplemente, no te creen. El problema es que ni siquiera empiezas de cero, empiezas en territorio negativo. Y la vieja estrategia de "acaba, acaba, acaba... vende, vende, vende..." no funciona como antes. Los posibles clientes se enfadan y acaban sin hacer nada porque no confían en ti.

Necesitas empezar con el modelo de "educar, educar, educar." Con la educación, creas confianza. Con la educación, te posicionas como experto. Con la educación, creas relaciones. Con la educación, haces que el proceso de venta sea más fácil para ti y tus clientes.

Como vimos en el capítulo anterior, en lugar de intentar venderles directamente desde el principio, ofrece a tus lectores algo de valor que los eduque sobre el problema que están experimentando. Esto podría ser una serie de correos electrónicos, un estudio de caso, un vídeo, un seminario web, y así sucesivamente. Todos estos son excelentes herramientas educativas.

Con atrasar la venta, consigues dos cosas. Primero, demuestra que estás dispuesto a dar antes de recibir, que rompe algo de la resistencia de venta. Segundo, te presenta como un educador y experto en tu sector. Piénsalo. ¿A quién preferirías comprar: a un vendedor agresivo, que solo quiere su comisión, o un educador experto que piensa en tus intereses y quiere ayudarte a solucionar tu problema? Tienes que dejar de vender y empezar a educar, ayudar y dar consejo a tus posibles clientes, sobre los beneficios de tu producto o servicio, comparado con cada uno de las empresas de tu competencia.

Léelo otra vez; te puede traer una fortuna.

Seamos sinceros, nadie quiere ser el típico vendedor agresivo y de desconfianza. Sin embargo, si te ves como un médico que diagnostica y luego receta soluciones a los problemas de las personas, estoy seguro que estarás mucho más cómodo vendiendo en esas circunstancias—como un consejero de fiar, educado, con conocimientos, cualificado y con confianza.

Y es exactamente así como te tienen que ver tus posibles clientes—como alguien que **les educa** y da soluciones a sus problemas.

Este sería un buen momento para compartir contigo mi definición de un emprendedor: "alguien que soluciona problemas por un beneficio."

En resumen, no dejes que piensen que estás vendiendo algo.

La mejor forma de hacer esto es con una venta consultiva usando un sistema de cuidado (luego hablamos de ello). Tienes que verte como un agente de cambio, un creador de valor, beneficio y ventaja en las vidas de tus clientes y posibles clientes.

Conviértete en un experto en tu categoría o industria. Sinceramente, todos intentan ser expertos; sólo es su marketing que es malo. La cafetería intenta hacer el mejor café; pero su marketing es muy malo.

La venta consultiva es la estrategia de marketing más económica, más duradera, más impactante y más poderosa que un dueño de negocio puede usar.

El equilibrio de poder está en tus manos, siempre que elijas dar consejo y educar a tus posibles clientes o clientes existentes sobre el beneficio que tiene tu producto. Es la única manera de retomar el poder del comprador en este mundo caótico en el que vivimos. Así que, deja de vender y empieza a educar y aconsejar. Tus clientes te apreciarán más, y tu banquero también.

Crear Confianza

Pregunta a cualquiera y te dirá que odian tratar con las empresas grandes. Mal servicio, empleados indiferentes y gestión distante son el sello de las grandes empresas. Aunque, por alguna razón, seguimos tratando con ellas a pesar de saber que probablemente, hay opciones mejores.

Una de las razones detrás de esto es el confort—que mientras la experiencia no es ideal, no será horrible. Como dice el refrán, "Mejor malo conocido que bueno por conocer." Los vendedores agresivos y deshonestos han hecho que las personas desconfíen de las empresas pequeñas por defecto. Las personas saben que, aunque las empresas grandes no dan el mejor servicio, por lo menos no les van a estafar.

Si tienes un negocio pequeño, te pone en una desventaja inmediata. Un cliente que estudia tu empresa puede concluir que eres de fiar y ofreces un servicio genial, pero la gran mayoría de clientes no perderán tanto tiempo. Te mirarán por encima y te juzgarán por tu fachada.

Por eso es muy importante presentar tu negocio de manera que exprese confianza y fiabilidad. El uso estratégico de la tecnología es una manera de equilibrar el juego. Hace no mucho tiempo, el acceso a las herramientas de tecnología para empresas era muy caro para las empresas pequeñas y, por lo tanto, solo accesible a grandes empresas. Internet, software como servicio y la computación en la nube, han equilibrado el juego.

Un dibujo famoso publicado por The New Yorker muestra un perro sentado frente un ordenador con el título, "En internet, nadie sabe que eres un perro." Esto demuestra cómo la tecnología puede ayudar al pequeño a parecer grande—equilibrando el juego y ayudando a luchar contra el prejuicio de la confianza hacia las empresas pequeñas.

Aquí tienes algunas formas baratas de usar la tecnología para ayudarte a presentar tu negocio de forma más grande y profesional. Aparte de ayudarte a luchar contra el prejuicio de la confianza hacia empresas pequeñas, muchas de estas herramientas te ayudarán a llevar y equilibrar tu empresa de manera más eficiente.

Sitio web: tu sitio web es probablemente uno de los primeros sitios dónde tus posibles clientes te van a buscar. Cuidado con lo siguiente, que dice a los posibles clientes que eres pequeño y probablemente no de fiar:

- No hay un número de teléfono. Los números de teléfono deberían de estar puestos en la parte de arriba de la página.
- Hay un apartado de correos o no hay una dirección, en vez de una dirección de empresa física. Aunque trabajes desde casa, puedes usar servicios de oficina virtuales para quedar con clientes y mostrar una dirección en tu sitio web.
- No hay política de privacidad y/o términos y condiciones. Hay plantillas disponibles para esto.
- El diseño es malo o barato. No escatimes en el diseño. Aunque crees tu propio sitio web, hay plantillas atractivas y fáciles de usar disponibles a un precio muy bajo.

Dirección de email: Me sorprende cuántas pequeñas e incluso medianas empresas publicitan una dirección de correo electrónico de Gmail o proporcionada por su proveedor de servicios de internet en lugar de utilizar una dirección de correo electrónico con su propio dominio. ¿Quién parece más de fiar: johnny14@gmail.com o john.smith@empresa.com?

Número de teléfono: tu número de teléfono dice mucho sobre ti. Utilizar un número de teléfono gratuito o un número de teléfono personalizado puede darle a tu negocio una sensación nacional. También ayuda a que las personas recuerden tu número de teléfono en medios de comunicación de rápido movimiento como el audio o vallas publicitarias, donde el cliente potencial solo tiene un instante para tomar nota de tu número de teléfono. Por el contrario, un número local indica que eres local (lo cual puede ser preferible en algunos casos).

CRM: como hemos visto en capítulos anteriores, esto es el epicentro de tu marketing. Tu sistema de gestión de clientes, o crm, te ayudará a tener un seguimiento de los datos de clientes y automatizar y gestionar éste. Es una forma más eficiente de gestionar clientes, en vez de una hoja de cálculo u otro sistema ad hoc.

Sistema de seguimiento de incidencias: si tratas con atención al cliente o consultas, un sistema de seguimiento de incidencias te puede ayudar a tener un seguimiento de las consultas. Esto puede quitar el peso de responder a actualizaciones de estado, llamadas y emails. También da confianza al posible cliente al saber que su petición se puede seguir y no va a acabar olvidado.

Estas son algunas de las herramientas que puedes usar para luchar contra el prejuicio de la confianza que pone a las pequeñas empresas en desventaja. Usando estas herramientas, te puedes presentar como una organización profesional, aunque estés empezando.

Aunque estas herramientas no reemplazan a productos y servicios Buenos, te ayudan a gestionar la percepción. Céntrate en tu marketing y la percepción se hará realidad.

Garantías Escandalosas

La primera vez que vi cucharas de prueba en una heladería, me di cuenta de lo muy reacios que somos ante el riesgo. Los compradores de helado potenciales se ponen en cola detrás de personas mientras prueban varios sabores con sus cucharas diminutas. Todo esto para asegurar que el helado que se compran no decepciona.

La inversión del riesgo con la forma de una garantía escandalosa significa que, si el producto o servicio no funciona para el posible cliente, eres tú el que perderá y no ellos. Esto tiene que ser más poderoso que algo ordinario como una "garantía de reembolso" o "satisfacción garantizada." Teniendo algo que perder si no sale bien hace que la venta sea más fácil y es una buena forma de evitar las voces de alarma que suenan en la cabeza de tu posible cliente.

Aquí tienes un ejemplo práctico. Si yo quiero contratar una empresa de TI para mi negocio, ¿qué tipo de cosas debería temer? Aquí hay algunas de las cosas que me vienen a la mente:

- ¿Van a mandar a un técnico novato quien va a tardar una eternidad, aprendiendo mientras trabaja al tiempo que a mí me cobran un precio premium por hora por el privilegio?
- ¿Van a estar disponibles cuando necesito ayuda urgente?
- ¿Se repetirán los problemas que han solucionado?

- ¿Me van a confundir con jerga técnica cuando pido una explicación del trabajo que van a hacer?

Una garantía de inversión de riesgo para este tipo de negocio podría ser algo así: "Garantizamos que nuestros consultores técnicos certificados y con experiencia solucionarán tus problemas informáticas para que no se repitan. También contestarán a tus llamadas en un tiempo máximo de 15 minutos y te hablaran sin jerga informática. Si no cumplimos estas promesas, pedimos que nos lo comuniques y te devolvemos el doble de la cantidad facturada para la consulta." Compara eso con una promesa débil y difusa como "satisfacción garantizada."

Para ser realmente efectivo cuando usas esta técnica, tienes que evitar las cosas difusas que dicen todos; por ejemplo, satisfacción garantizada, servicio, calidad, fiabilidad. Tu garantía tiene que ser muy concreta y hablar sobre el miedo o incertidumbre que puede tener el posible cliente sobre la transacción.

Por ejemplo, si tu negocio es de control de plagas, tus clientes quieren saber que:

- Los bichos no van a volver.
- El técnico no dejará su casa sucia.
- Su familia y mascotas no serán envenenados por los productos.

Tu garantía escandalosa sería algo parecido a esto:

Garantizamos librar tu casa de hormigas para siempre, sin usar productos tóxicos, mientras que dejamos tu casa en la misma condición en la que la encontramos. Si no estás completamente encantado con el servicio que damos, insistimos que nos lo digas y te devolvemos el doble de tu dinero.

¿Es este tipo de garantía arriesgada? Sólo si siempre haces mal tu trabajo. Si estas comprometido a dar a tus clientes un servicio excelente y formando a tus empleados para esto, entonces apenas hay riesgo. Más importante, no hay casi ningún riesgo para tus posibles clientes, lo que hace que las ventas sean más fáciles.

Puede que incluso la ley te pida garantías de calidad para tus productos y servicios y arreglar las cosas si salen mal. Dado que este requisito puede que ya sea por ley, ¿por qué no subimos el listón y convertirlo en una parte principal que puedes promocionar con tu marketing?

Te digo otra cosa sobre garantías. Si eres un empresario ético, lo más seguro es que ya ofrezcas una garantía, solo que no lo estás usando bien para tu marketing. Así que, ¿por qué no hablas de algo que ya estás haciendo? La mayoría de las personas son honestas y no se aprovechan de las garantías, especialmente si reciben el servicio que les fue prometido. Incluso después de contar con las personas que si se aprovechan, estarás más adelante con una garantía potente que atrae más clientes que con una débil y difusa.

Un emprendedor deberá ver su empresa con los ojos de un posible cliente miedoso y escéptico, invertirá todos los riesgos percibidos para que el camino a una venta sea más fácil. Esto también repercute en tus clientes siendo mucho más fieles y con poca probabilidad de ir a tu competencia, quienes, por comparación, parecen menos de fiar.

Una garantía fuerte y enfocada hacia resultados también te guiará hacia una buena experiencia del cliente. Solo esto te asegura que merece la pena tener una garantía fuerte. Tus clientes ya tienen sus propios miedos. Cuando puedes nombrar sus miedos y garantizar eliminarlos en tu marketing, tienes una enorme ventaja sobre tu competencia.

Estrategia de Precio

Poner precio a tus productos o servicios es una de las decisiones más difíciles que tendrás que tomar en tu negocio. Afectará a cada parte de tu negocio, desde las finanzas hasta cómo te perciben en el mercado. Aunque, se suele prestar poca atención a la psicología y potencial de marketing del precio.

El precio de tu producto es un indicador de posicionamiento esencial. ¿Crees que cuando marcan el precio de un Rolls-Royce o

Ferrari, solo suman la factura de los materiales y luego añaden un sobreprecio aceptable? Pues no. El precio es el epicentro del posicionamiento de un producto.

Cómo hemos visto antes en este capítulo, si te posicionas como un educador y un consejero fiable, el precio se hace más flexible.

Espero que nunca estés en la situación desafortunada de necesitar una operación de corazón, pero si lo estás, ¿quieres el cirujano más barato? Lo dudo.

Generalmente, los dueños de negocios marcan sus precios basándose en lo que cobra su competencia. Una estrategia común es poner el precio un poco por debajo del líder del mercado en su industria. Otra forma común de marcar el precio es mirar el coste base y añadir lo que piensan que es un sobreprecio aceptable.

Los dos son puntos de partida aceptables; pero, si no estás pensando en el marketing o las implicaciones psicológicas del precio, puede que estés dejando de ganar grandes cantidades de dinero.

Número de Opciones

Sea cual sea la industria, muchos productos o servicios ofrecen múltiples sabores o variantes de la primera oferta. Henry Ford ofreció a sus clientes el Modelo T "en el color que ellos quieran, siempre y cuando sea negro."

Mientras que puede parecer una tontería debido a las expectativas de hoy día con las infinitas opciones y expresiones de individualidad con la posibilidad de personalizar todo, el gran empresario industrial saca un tema que es relevante a todo emprendedor. ¿Cuantas opciones deberíamos ofrecer?

La sabiduría convencional te haría creer que, mientras más opciones ofreces, más ventas tendrás. Sin embargo, esto ha demostrado ser totalmente falso una y otra vez.

Hay un estudio famoso de un profesor de negocios de la Universidad de Columbia que ilustra bien este tema. En un mercado gourmet de California, el Profesor Iyengar y sus asistentes de investigación montaron un puesto con muestras de mermelada. Cada pocas horas, cambiaban entre una selección de 24 sabores de mermelada a solo 6 sabores. De media, los clientes solo probaron dos sabores, sin

importar la cantidad de opciones. Aquí está lo interesante. Al 60%
de clientes les llamó la atención la selección más grande, mientras
que sólo un 40% se pararon con el más pequeño. Pero el 30% de las
personas que probaron de la selección pequeña decidieron comprar,
pero sólo un 3% de los clientes de la selección grande compraron.

¿La conclusión? Ofrecer demasiado puede evitar ventas. La psicología detrás de este descubrimiento es que las personas se ven
arrinconadas. El miedo a tomar una elección no óptima evita que
tomen una decisión.

Si miras a Apple y sus productos altamente exitosos, verás que
sólo se les ofrece en dos o tres variaciones cada uno. Parece ser un
buen medio entre demasiadas pocas opciones y una sobrecarga cau-
sada por demasiadas opciones.

En este tema, una estrategia de precios que he visto que funciona
muy bien es ofrecer una variación de producto o servicio "estándar"
o "exclusivo." La versión "exclusive" tendrá un precio un 50% por
encima del "estándar" pero ofrece el doble de valor o más que la
versión "estándar." Cuando usas esta estrategia, es importante asegurar que realmente estás ofreciendo más valor con el "exclusive" que
con el "estándar." Esta estrategia funciona bastante bien en los casos
donde el coste incremental de ofrecer el "exclusive" es relativamente
bajo, porque el precio diferencial acaba siendo puro beneficio para
tus ingresos netos.

Inversión de Riesgo con "Ilimitado"

La mayoría de las personas son muy reacias al riesgo. Temen ser
atacados por cobros inesperados, sean de uso de datos, costes médicos o precios de consulta.

Cómo hemos visto antes, si les puedes quitar el riesgo, incrementas la oportunidad de realizar una venta. Una estrategia excelente
para eliminar los riesgos es ofrecer una variante "ilimitado" de tu
producto o servicio a un precio fijo.

Por ejemplo, una empresa de informática podría ofrecer soporte técnico "ilimitado" por un precio fijo al mes, un restaurante
podría ofrecer bebidas "ilimitadas", etc. Mientras que muchos
dueños de empresas temen que una opción ilimitada les arrui-
nará, esto se puede remediar en tus términos y condiciones, que

permitirían un uso justo pero evitaría o limitaría el aprovechamiento de ellos.

Y más cuando vendes algo que se tiene que consumir en un espacio de tiempo límite, el riesgo de ofrecer una opción ilimitada es muy bajo. Si observas el medio de valor de tus transacciones, y trabajando con la ley de la media, puedes tener una idea bastante certera de lo que te va a costar ofrecer una opción ilimitada.

Las personas tienden a sobreestimar cuanto usarán de un producto o servicio cuando están en el momento de comprarlo. Así que, ofrecer una opción ilimitada te ayudar a invertir en esto al mismo tiempo que eliminas cualquier riesgo percibido de costes adicionales.

El Objeto de Gama-Súper-Alta

En cada mercado, hay un pequeño porcentaje de la población que quiere comprar la "mejor" variante de un producto en su clase.

El indicador más usado por los consumidores para lo que es "mejor" es el precio. Algunos consumidores pagarán 10, 20, o incluso 100 veces más en comparación con otros productos funcionalmente similares; por ejemplo, Rolls-Royce, un avión privado, etc.

Mientras que puede que no vendas este tipo de producto de gama súper alta todas las semanas, si no los haces disponibles entre tus productos más normales, estás perdiendo dinero.

Estos objetos de gama súper alta pueden suponer un porcentaje muy alto de tu beneficio neto, aunque solo vendas algunos de ellos. También ayudarán a atraer a clientes más afluentes quienes compran basándose en prestigio, servicio y comodidad en vez de precio.

Por último, un buen beneficio de un objeto de gama súper alta es que hace que las otras variaciones de tu producto parezcan más asequibles por comparación. La regla general que se suele usar es que el 10% de tus clientes pagarán 10 veces más y el 1% de tus clientes pagarán 100 veces más. Asegúrate de no perder dinero por no tener objetos de gama súper alta entre tus productos.

Resiste el Deseo de Hacer Descuentos

Cuando el mercado en el que trabajas es altamente competitivo, hay un gran deseo de hacer descuentos en tus precios. Se tiene que usar esta estrategia con mucha precaución, debido a la presión que pone a tus márgenes, beneficio y, más importante, a tu posicionamiento en el mercado.

A no ser que tengas una estrategia de gancho comercial muy específica, intenta evitar hacer descuentos a toda costa. Con una estrategia de gancho comercial, intentas tentar a un cliente basándote en el precio y luego vender algún producto o servicio con beneficios más altos.

Una mejor opción que descontar sería incrementar el valor que ofreces. Añadir algún bono, aumentar cantidades o añadir servicios secundarios puede ser de gran valor para tu cliente y te cuesta muy poco dinero hacerlo.

Sea cual sea la estrategia que usas, es importante probar y medir continuamente. Los consumidores son sacos de emociones y no se dejan guiar solamente por motivaciones racionales.

Haz que poner el precio sea una parte central de tu estrategia de marketing en general.

Invítales a Probar Antes de Comprar

Hace un tiempo, pasé por mi centro de servicio del concesionario de BMW para arreglar un mensaje de error que me daba el sistema informático de mi auto. Unos minutos más tarde, apareció un dependiente. Los chicos del garaje habían hecho algunos ajustes. "Ya está todo arreglado," dijo, y me explicó cuál había sido el problema con jerga técnica. Yo asentí con la cabeza, disimulando que entendía lo que me decía para evitar la castración de mi ego masculino.

Luego, me preguntó, "¿Te gustaría hacer una cita para una revisión? El ordenador del auto indica que hace falta." Buena venta adicional. Le dije, "Claro, hare la cita para mediados del mes que viene." El dependiente luego me comentó que, cuando se hace una cita con tanta antelación, podría dejarme un auto prestado para ese día. Y yo pensé, ¡genial! De ese modo, no necesitaría que nadie me llevara al concesionario. Le pedí prestado el siguiente modelo a mi auto. Esta petición debería haber hecho saltar sus alarmas de venta: un cliente existente con un auto de tres años que acaba de salir de la garantía, pidiendo prestar y probar el siguiente modelo caro durante un día entero. Si hubiera alguna vez una oportunidad tan buena y repentina, era esta. Pero en vez de ver la oportunidad, se disculpó y me dijo que sólo me podía prestar un auto más viejo que el mío. Y después pasó varios minutos explicando lo bueno que era el auto más barato.

Tenía ganas de pegarle en la frente y gritar, "¡HOLA! ¿Hay alguien ahí? ¡HOLA!" O quizás sacar mi Julia Roberts de Pretty Woman que llevo dentro y decir "Gran error. Enorme. Me voy a comprar a otro sitio," y salir de ahí. En vez de eso, le di las gracias por su tiempo y le dije, "Nos vemos el mes que viene." No podía creer lo que había pasado.

¿De verdad no vio la oportunidad de venta? Lo dudo. Lo más probable es que era un caso de "Yo trabajo en mantenimiento. Si quiere probar un auto nuevo, que se vaya a la sección de ventas." Esto es un error que cometen muchas empresas. Separa a sus empleados en "secciones." Así, las personas fuera de la sección de ventas piensan que cualquier cosa relacionada con una venta no tiene nada que ver con ellos. Error. Como dueño, deberías de dejar claro a todos tus empleados que las ventas son la vida del negocio y que **todos venden.**

Cada empleado, en algún momento, tendrá la oportunidad de influenciar en una oportunidad de venta de forma positiva o negativa. Hazles saber que, a pesar de su trabajo principal, responder a una oportunidad de venta es su trabajo. Una de las mejores formas para que entiendan esto es tener un programa de incentivos dónde las ventas se recompensan, sea cual sea la posición de la persona que hizo la venta. Puede que incluso descubras talento escondido.

La venta más fácil es la que se hace a un cliente existente satisfecho. Explica a tus empleados las señales que tienen que buscar—sin ser agresivo y prepotente, claro.

Ahora bien, puede que no estuviera listo para comprar un auto nuevo en ese momento, pero ¿conducir el auto que he estado pensando en comprar durante un día entero, me hubiera acercado más a la compra? ¡Claro! ¿Me hubiera tentado para comprar? ¡Por supuesto!

Esto nos trae a otra técnica muy poderosa que puedes y debes añadir a tu secuencia de seguimiento—probar antes de comprar, también conocido como la prueba gratuita o "el cierre del cachorro."

Imagínalo—no estás seguro si tener un cachorro nuevo es muy buena idea, o quizás no estás seguro si esa raza es la mejor. El dependiente de la tienda de animales te ofrece llevar el cachorro a casa y, si no te gusta, lo puedes devolver—sin preguntas. Parece razonable, ¿no? Te llevas el cachorro a casa, y tú y tus hijos juegan con él.

Te lame la nariz por la mañana y te espera en la puerta de tu casa al final del día. Naturalmente, te enamoras del nuevo miembro de la familia. Y la venta se completa—no por el vendedor, sino por el cachorro.

Así de simple.

¡Te reto a intentar devolver este pequeño!

Es una de las maneras más poderosas de ganar en tu negocio y está basado en la magia de "probar antes de comprar." Usar esta técnica puede aumentar drásticamente tus ventas. Primero, rompe con la Resistencia de comprar, haciendo que el posible cliente no sienta que se está comprometiendo con algo irreversible.

Segundo, el cliente tiene la obligación de invertir la venta, lo cual pone la inercia de tu lado. Por último, es muy improbable que un buen cliente devuelva un buen producto que se ajusta a sus necesidades. Usa el pensamiento de "todos venden" en tu negocio y júntalo con la oferta de "probar antes de comprar" y verás cómo cambia la tasa de conversión de manera drástica.

Cierra tu Sección de Prevención de Ventas

Nunca deja de sorprenderme cuantos negocios, grandes y pequeños, hacen que comprar sea difícil. Es como si tuvieran una sección de **prevención** de ventas, que se encarga de hacer que el proceso de compra sea una experiencia dolorosa. Deja la cinta roja, los formularios grandes y las reglas inflexibles para los departamentos del gobierno. Tu trabajo es que sea **fácil** para el cliente comprar en tu negocio.

Señales que dicen "Sólo Efectivo" o "Pago con Tarjeta Mínimo $10" o "No Aceptamos Amex" es la sección de prevención de ventas trabajando. Puede que estas empresas estén ahorrando dinero en tasas comerciales, pero también están perdiendo muchas más ventas, perdiendo clientes y perdiendo fondo de comercio. Están pasando por encima de dólares para recoger peniques.

Tienes que ofrecer a tus clientes su método de pago preferido, no el tuyo. Es más, no castigues a tus clientes por usar **su** método de pago preferido, añadiendo un coste extra. En vez de eso, calcula las tasas dentro de tus costes generales o absórbelos. Si tus márgenes son tan pequeños que no puedes añadir las tasas a tus costes generales, entonces tienes problemas más grandes que una tasa.

Cómo dijimos en el Capítulo 2, otra estrategia para incrementar tus conversiones es ofrecer un plan de pago o financiar tus objetos de gama alta. Esto puede ser la diferencia entre vender y no vender. Primero, las personas suelen pensar tanto en sus ingresos como gastos mensuales. Segundo, las personas no tienen tanto afecto al dinero futuro como para el dinero del presente. El dinero del presente suele estar ya gastado. Si puedes presentar tu oferta en cuotas mensuales fáciles de pagar o como una obligación futura, en vez de una cantidad grande de una sola vez, esto aumentará tus conversiones de manera drástica.

Busca otras cosas que puedan ser obstáculos para las conversiones de ventas. ¿Estás pidiendo a tus posibles clientes que salten por aros, rellenar formularios inútiles o conformarse con procesos que no son necesarios? ¿Cómo puedes quitar estos obstáculos, o al menos hacer que sean más fáciles?

Capítulo 6 Artículo de Acción:

¿Cuál es Tu Sistema de Conversión de Ventas?
Rellena el cuadrado #6 de tu plantilla del Plan de Marketing de 1-página.

PARTE III
LA FASE DE "DESPUÉS"

Resumen de la Fase de "Después"

En la fase de "después", estás tratando con clientes. Los clientes son personas que les gusta lo que ofreces lo suficiente como para darte dinero, aunque sea sólo una vez. En esta fase, convertirás a tus clientes en seguidores fieles, dándoles una experiencia de primera clase. Luego buscarás maneras de trabajar más con ellos e incrementar su valor de vida. Por último, crearás un ambiente donde no pararás de recibir nuevos clientes.

El objetivo de esta fase final es hacer que tus clientes confíen en ti y compren más en tu negocio. Esta fase continua en un "círculo virtuoso" continuo, dónde construyes mejores relaciones con tus clientes, haces más negocios con ellos y consigues nuevos clientes.

7

DAR UNA EXPERIENCIA DE PRIMERA CLASE

Capítulo 7 Resumen

Dando una experiencia de primera clase, conviertes a tus clientes en una tribu de seguidores fieles que continuarán comprando en tu negocio. Para dar esta experiencia de primera clase, necesitas implementar sistemas en tu negocio y hacer un uso inteligente de la tecnología.

Los puntos que veremos en este capítulo incluyen:

- El por qué crear una tribu de seguidores fieles es esencial para el éxito de tu negocio y cómo hacerlo.
- Las dos funciones criticas de tu negocio
- Cómo innovar, aun cuando el producto o servicio que ofreces es aburrido u ordinario
- El propósito de la tecnología en tu negocio y cómo sacar provecho de ello en tu marketing
- Por qué los sistemas son claves para desenterrar la fortuna que se esconde en tu negocio
- Los cuatro sistemas principales en tu negocio que prácticamente garantizan el éxito de tu negocio
- Cómo eliminar el obstáculo más grande de tu negocio

Dar Una Experiencia De Primera Clase

Crear Tu Tribu de Seguidores Fieles

UNA TRIBU ES un grupo de personas conectadas entre ellas, conectadas a un líder y conectadas a una idea.[5] Durante miles de años, los seres humanos han sido parte de una tribu u otra. Una de las cosas que separa los negocios extraordinarios de los ordinarios es que lideran tribus, tribus de seguidores fieles—no solo clientes. En tu negocio, un miembro de tu tribu es un cliente especial. Uno que actúa como animador y activamente ayuda en tu éxito. Los miembros de tu tribu amplifican tu mensaje de marketing y lo llevan a sitios a los que no hubieras alcanzado tú solo con marketing pagado. Aquí hay algunas de las cualidades de estas empresas extraordinarias que se convierten en líderes de tribus:

- Se centran continuamente en asombrar a sus clientes, lo que los convierte en seguidores fieles.
- Crean y adoptan relaciones de por vida.
- Hace que sea fácil y divertido tratar con ellos.
- Crean un sentido de teatro alrededor de sus productos y servicios.
- Tienen sistemas para dar una experiencia genial de forma fiable y consistente.

En este capítulo, vamos a observar algunas de las estrategias para convertir a clientes en seguidores fieles, quienes confían en ti, te recomiendan, y quieren volver a hacer negocios contigo. Estas son

---

5   Esta definición es del libro genial de Seth Godin, *Tribus.*

personas de tu tribu y es esencial tener estrategias para crear semejante seguimiento y cuidar bien de ellos.

Muchas empresas normales paran de hacer marketing una vez que han convertido a un posible cliente en un cliente (o sea, el posible cliente compra algo). Este tipo de pensamiento transaccional les mantiene dónde están y frena el crecimiento de la empresa. Por el contrario, las empresas extraordinarias consiguen resultados geniales porque cada cliente que añaden no sólo da beneficio una vez sino muchas veces porque la persona se convierte en evangelista de la empresa.

Y aún más emocionante que eso, los lanzamientos de productos nuevos se hacen fáciles y predecibles. No tienes que promocionar, regatear y convencer tanto cuando tienes una tribu de seguidores fieles. Mira a Apple, uno de los líderes de este tipo de marketing. Ellos pueden lanzar un producto o incluso una categoría nueva y ya tienen una legión de seguidores fieles que hacen cola durante días, suplicando a Apple para llevarse su dinero. Esto no es solo el dominio de grandes empresas como Apple.

De hecho, es un área donde las empresas pequeñas tienen una ventaja enorme. A diferencia de las empresas grandes, que son inflexibles y llenas de burocracia, con muchas líneas de reportaje y personas con diferentes agendas, las empresas pequeñas pueden ser ágiles y responder a las necesidades y preguntas de sus clientes de manera rápida. Y más importante, las empresas pequeñas pueden micro gestionar la relación con el cliente. El cliente no se pierde tan fácilmente en el mar de clientes y se puede desarrollar una relación más personal y de tribu. Es tu trabajo crear y cuidar de tu tribu de seguidores fieles y comprender que el proceso de marketing realmente sólo empieza cuando conviertes a un posible cliente en un cliente que paga dinero.

Véndeles Lo Que Quieren Pero Dales Lo Que Necesitan

En el Capítulo 2, hablamos sobre los elementos esenciales para crear una buena oferta. Cómo hablamos en ese capítulo, lo primero es descubrir exactamente lo que quiere tu mercado.

Ahora quiero profundizar. Cuando se trata de entregar tu producto o servicio, necesitamos darles a los clientes no sólo lo que quieren, si no lo que necesitan.

Suele haber una gran diferencia entre lo que quieren las personas y lo que necesitan. Déjame darte un ejemplo. Digamos que eres instructor de gimnasio. Mejoras las vidas de las personas a través de mejor salud, mejoría física y nutrición. El concepto de mejor salud es muy difuso, lejano y distante para la mayoría de las personas. Así que, en vez de eso, tienes que apelar a la vanidad, conducta u otra necesidad específica que tiene el posible cliente; por ejemplo, abdominales marcados, cuerpo tonificado, cuerpo escultural.

Tienes que darles lo que necesitan con respecto a la mejoría de salud, pero lo haces a través de lo que ellos quieren (mejoras de apariencia y desempeño), y les vendes eso. Necesitas comprender tanto lo que quieren y necesitan. A veces se sobreponen y otras veces están completamente separadas.

Si yo tengo una cinta para correr y no pierdo peso después de mucho tiempo, ¿esto demuestra que la cinta no funciona? Obviamente, esta conclusión es ridícula. Para que mi cinta funcione" la tengo que encender, correr un rato, sudar y repetir el proceso de forma regular. Comprarla solo es el primer paso. Usarla como es debido, es otro paso. Mientras que esto puede parecer obvio, una gran parte de la pelea que tendrás es hacer que las personas hagan lo que necesitan hacer para conseguir los resultados de tu producto o servicio.

Algunos dueños de negocios sienten que hacer seguimiento de su producto no es su responsabilidad, que sus clientes deberían de ser los responsables de conseguir los resultados del producto o servicio que han comprado. Pero esto no es lo mejor. Vivimos en un mundo que se mueve rápido, con muchas cosas compitiendo por el tiempo y atención de nuestros clientes. Nuestro objetivo es que nuestros clientes obtengan resultados.

Si un cliente que compra un producto o servicio y no lo usa correctamente, lo más seguro es que lo tachará como algo que no funciona y eso es lo último que queremos. En el mejor de los casos, acaba siendo una compra única, y en el peor, lo tachan como estafa. Por muy ridículo que parezca que alguien pueda tachar de estafa una cinta de correr porque no han sabido usarla, un cliente puede hacer lo mismo con tu producto o servicio.

Excepto que ahora el cliente tiene acceso a foros online y redes sociales y pueden divulgar si su experiencia ha sido positiva o negativa. ¿Es injusto? Quizás—pero la marca de las empresas ganadoras van a ser soluciones rápidas que ayudan a sus clientes con la implementación hacia el resultado deseado.

En muchos casos, va a significar que vas a tener que ayudarles con cada paso del proceso para obtener resultados. Si no, eres un negocio con márgenes bajos, de comodidad y transacciones que solo compite con el precio. Es un sitio peligroso con tantas comparaciones de precios estando a un solo clic.

Así que, tu trabajo es buscar una manera de vender lo que quieren tus posibles clientes, pero también darles lo que necesitan. Para conseguir que pasen a la acción y hagan lo que tienen que hacer para conseguir resultados, puede significar que lo tienes que presentar de manera diferente. Puede que tengas que dividir el proceso en trozos pequeños para que no parezca tan abrumador.

Puede que tengas la mejor vitamina del mundo, pero tienes que hacer que tenga un sabor dulce para que los niños se la coman. Eso es darles lo que quieren pero también lo que necesitan.

El liderazgo es una cualidad atractiva y a las personas les gusta que les lideren. Tomando la iniciativa de empaquetar la implementación de tu producto o servicio, anticipando los obstáculos que puedes encontrar por el camino y tener soluciones para estos obstáculos, demuestra liderazgo. Ayudar a tus clientes durante el proceso de conseguir resultados es un beneficio para ti y para ellos.

Si no lo haces, será malo para los dos. Recuerda tu objetivo de crear una tribu de seguidores fieles—no solo transacciones.

Crear un Sentido de Teatro Alrededor de Tus Productos y Servicios

Peter Drucker dijo una vez que las dos funciones básicas de cada empresa son el marketing y la innovación. La palabra innovación suele traer pensamientos de empresas emergentes de alta tecnología en Silicon Valley, empresas biotécnicas o de ingeniería. La pregunta que suele surgir es, ¿puede una empresa normal que vende productos normales ser innovador? La respuesta es, por supuesto que sí.

Una idea equivocada es que la innovación tiene que estar en el producto o servicio. Si vendes un producto aburrido o normal, puede parecer que la innovación no es relevante para tu negocio o industria. Puede parecer que no tengas otra opción que no sea competir solo en el precio.

Sin embargo, la innovación va más allá del producto que vendes. La innovación se puede aplicar a cómo se pone el precio al producto, como se financia, como se empaqueta, como se apoya, como se entrega, como se gestiona, como se promociona o muchos más elementos relacionados con cualquier parte de la experiencia. Un área dónde las empresas fracasan es en crear un sentido de teatro. Tus clientes no buscan sólo un servicio. Quieren ser entretenidos. Tienes que darles lo que quieren, creando un sentido de teatro alrededor de tu producto

Si eres una empresa "poco atractiva," en el que la primera pregunta de tus clientes se centra en el precio, puede que seas un poco escéptico cuando se habla de innovación y teatro. Después de todo, ¿cómo puede un fabricante de licuadoras tener innovación? ¿O quizás un restaurante? ¿Cómo pueden estos negocios normales y aburridos tener innovación? Me alegro de que me lo preguntes.

Blendtec es un fabricante de licuadoras, licuadoras normales como las que tienes en tu cocina. Han creado un marketing viral creando una serie de videos en YouTube llamado Will It Blend? Aquí tienen a un científico loco usando su producto para ver si pueden romper una gran variedad de objetos que van desde iPhone y iPads a pelotas de golf.

Quiero llorar después de ver la destrucción de mis productos favoritos de Apple; pero seguro que en Blendtec están bastante felices con los cientos de millones de visitas que han tenido en su canal de YouTube. Ese tipo de publicidad comparado con el pequeño coste que tiene crear estos videos es de genios.

¿Podrías crear un sentido de teatro y publicidad similar usando tu producto normal de forma inusual?

Estaba en el baño de hombres en un restaurante de mi zona cuando vi este poster en la pared:

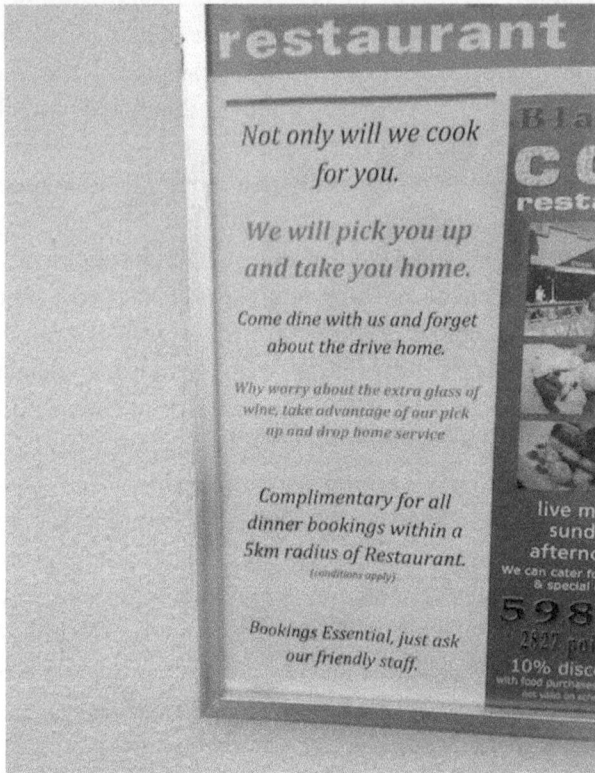

El restaurante ofrece un servicio de taxi para que sus clientes no se tengan que preocupar de conducir si han bebido alcohol. Esto crea una conveniencia para el cliente y el restaurante acaba vendiendo más del producto que les da más beneficio—alcohol. Todos ganan.

Estos solo son un par de ejemplos de empresas normales y aburridas que venden sus productos de manera innovadora. Ahora te toca a ti innovar. No tienes que inventar nada original. Copia, toma prestado o roba descaradamente ideas innovadoras de otras industrias o productos.

Haz lo que sea menos quedarte dónde estás, que te obliga a competir solo con el precio.

Usa Tecnología Para Reducir La Fricción

Hace poco, mi mujer y yo fuimos a cenar a nuestro restaurante favorito. La comida es genial, los empleados atentos y educados y la localización espectacular—en la playa. En las noches frías, encienden un fuego, que añade un ambiente relajante. Hemos estado yendo ahí durante un año, desde que nos mudamos a la zona. Cuando fui a pagar la cena, miré y, efectivamente, aún estaba ahí—una señal manuscrita cerca del datafono que decía, "Lo sentimos nuestro datafono no funciona con PIN, firme su ticket. Disculpen las molestias."

Aluciné como un restaurante tan lujoso, que ha hecho tantas cosas bien, tenga esta cosa fundamental mal. Como dueño de un negocio, si hay una parte de la interacción con el cliente que quiero que vaya lo más fácil y suave posible, es la parte donde me pagan. No solo no han arreglado el datafono defectuoso en un año (que yo sepa), si no estaba claro que no tenían ninguna intención de implementar una tecnología más fácil, como los sistemas de pago sin contacto

La tasa de innovación de tecnología en los últimos años ha sido bastante asombrosa. Mientras que la velocidad de la innovación tecnológica ha aumentado y sigue aumentando de forma exponencial, el propósito de la nueva tecnología ha permanecido constante durante miles de años.

Es muy simple, **el propósito de cualquier nueva tecnología en tu negocio es para eliminar la fricción.** Queremos el camino más rápido y sencillo hacia la venta, mientras que incrementamos la satisfacción del cliente.

También queremos evitar situaciones en las que la tecnología dificulta en vez de facilitar a los negocios:

Como clientes (normalmente de empresas grandes), todos hemos pasado por la experiencia frustrante de intentar hablar con alguien que está siendo frenado por la tecnología y que responde con su versión de "El ordenador dice que 'No'..." Como dueños de negocios pequeños, tenemos que asegurar que la tecnología está siendo usada para evitar la fricción en vez de crearla.

La tecnología hace que nuestras vidas sean más sencillas, haciendo el "trabajo duro" por nosotros, haciendo un cálculo complejo, levantando bloques de cemento o buscando entre miles de publicaciones para buscar una referencia literaria poco conocida. Pero, a veces, parece que usamos la tecnología porque sí. Por ejemplo, suelo preguntarles a las personas cuál es el propósito de su sitio web, o presencia en las redes sociales. Pocas veces recibo una respuesta breve y directa.

El objetivo de tu tecnología es reducir la fricción experimentada por tus clientes al obtener los resultados deseados. Buenos ejemplos de esto son las tecnologías de pago sin contacto, entregas en el mismo día, motores de búsqueda, servicios de transmisión y asistentes de voz.

Reduciendo la fricción, la tecnología te ayuda a hacer cosas que nos llevaría horas, días o años terminar, en una fracción de este tiempo. Así que, ¿cómo puedes usar la tecnología para reducir la fricción entre tú y tus clientes? ¿Qué tareas puedes optimizar y hacer más fáciles? Y más importante, ¿cómo puedes asegurar que la tecnología no está dificultando tu relación con tus clientes? Así es como lo hago yo.

Piensa que cada pieza de tecnología es un empleado. ¿Para qué estoy contratando a este empleado? ¿Cuáles son sus indicadores de rendimiento claves? (kpIs en inglés). Miramos una página web. Es muy común que una empresa tenga una página web sin un objetivo específico, solo una noción difusa o esperanza de que lleguen los clientes porque han puesto una versión online de su panfleto.

De forma contraria, cada emprendedor inteligente que conozco usa la tecnología con objetivos específicos y medibles. Por ejemplo, un sitio web se puede usar para vender un producto o conseguir que los posibles clientes entren en una base de datos de marketing. Estas cosas se pueden medir y pueden tener kpIs adjuntados. Sabemos de forma instantánea si funcionan o no y despedimos a los que no trabajan y mejoramos los que si lo hacen.

Ahora sería un buen momento para replantear las formas en las que usas la tecnología en tu negocio. ¿Están reduciendo la fricción? ¿Están haciendo las cosas por las que las has contratado?

Ser la Voz de Valor Para Tu Tribu

El difunto y gran Jim Rohn lo dijo bien: "No pierdes la mayoría de tu tiempo con las voces que no cuentan. Ignora las voces triviales para que tengas más tiempo para escuchar las voces valiosas."

Un consejo muy sabio; pero, parte de dar una experiencia de primera clase a tus clientes es **convertirte** en una voz valiosa para ellos. Tienes que ser un líder en tu industria, alguien a quien se busca para su opinión y comentarios. Consigues esto convirtiéndote en un creador de contenido. Una de las mayores distinciones entre emprendedores de éxito y los que intentan serlo, es que los emprendedores de éxito son creadores de contenido mientras que los que intentan serlo son consumidores de contenido. Aparte de ser creadores de contenido, los emprendedores de éxito suelen ser creadores de contenido **prolíficos**. Para ser una voz valiosa, necesitas ideas valiosas y, rara vez, salen las ideas valiosas de la nada y te interrumpen. Buscando otras voces valiosas—lideres dentro y fuera de tu industria, mentores, instructores y compañeros de éxito—pones los cimientos para crear tus propias ideas valiosas.

Este tipo de auto-educación es el tipo de educación más valioso que conozco. Pero es importante no dejar a demasiadas voces entrar, por muy tentador que pueda ser. Unas pocas voces que hablan desde la experiencia y conocimiento son muchísimo más valiosas que una multitud de voces que hablan desde la teoría y opinión. Mientras que la teoría y opinión no son malos de por sí, pocas veces encuentro voces de valor de fuentes que no han estado donde quiero estar yo.

Los días de tácticas de venta de alta presión están llegando a su fin, si ya no lo han hecho. En una era dónde todos estamos conectados y todos tenemos acceso a casi toda la información, la mercancía más valiosa es la reputación.

La economía de la reputación requiere que transformes tu marketing de solo información y alta presión a marketing basado en la educación. Como hemos hablado hasta ahora en este libro, El marketing basado en la educación tiene dos funciones.

Primero, se trata de posicionarte como una autoridad en tu mercado objetivo. Todos quieren escuchar una fuente con autoridad. Siendo un creador de contenido, te posicionas como autoridad y experto en tu nicho.

Segundo, se trata de crear relaciones—convertirte en un consejero fiable para tu mercado objetivo en vez de solo un vendedor. Si sacas contenido regular, valioso y educativo para tu mercado objetivo, pones los cimientos de una buena relación—y, después de todo, ¿de quién prefieres comprar, de una fuente de fiar que te ha estado dando mucho valor o de un desconocido que solo quiere hacer una venta rápida?

Ser la voz de valor es un trabajo duro y lleva tiempo, pero el tiempo invertido te dará sus frutos. En la economía de la reputación, no te puedes permitir ser algo básico o una empresa de "yo también." ¿Qué puedes hacer para empezar a ser una voz valiosa en tu mercado? ¿Puedes empezar un blog? ¿Un boletín de email? ¿Un canal YouTube?

Cualquiera de estas cosas puede ser el comienzo para convertirte en una voz de valor en tu mercado. Hacer las cosas así de bien te separará de tu competencia, quienes siguen usando tácticas de venta que ya no funcionan.

Cuéntales Todo Lo Que Tienes Que Hacer

Mi mujer y yo estábamos de camino a casa una noche después de cenar y tenía ganas de acabar mi sábado por la noche de manera relajada cuando mi mujer dijo las palabras que nadie quiere oír: "Vamos a parar un momento en el supermercado, tengo que comprar un par de cosas." Me quejé y entramos en el aparcamiento. Odio comprar por encima de todas las demás cosas, e intenté una frase clásica: "Te espero en el auto." Después de todo, solo quería comprar un par de cosas y yo podría usar ese tiempo de manera productiva lanzando algunos angry birds en mi iPhone y superar el nivel en el que estaba.

Pero no funcionó. Al final, acabé en el último pasillo del supermercado, con una pesada cesta de la compra con la promesa rota de "sólo un par de cosas." Mientras que mi mujer estaba decidiendo entre champú de pomelo o coco (otra lección de marketing), algo me llamó la atención—una estrategia ninja de marketing genial. Mira la foto que saqué:

¿Puedes ver la enorme diferencia entre las dos botellas de gel de ducha de la derecha comparado con la de la izquierda? Las dos botellas de la derecha son un ejemplo del uso del mejor envoltorio en un producto que he visto en mucho tiempo. El de la izquierda es aburrido, seguro y casi indistinguible de las otras 100 botellas de gel de ducha en la estantería.

Tarda mucho tiempo llenar un vaso de Guinness. Eso es debido a un proceso llamado nucleación, en el que las bolsas de aire de las burbujas adicionales se dispersan en la cerveza. Ahora, esto se aprecia, pero antes había una opinión negativa de los consumidores por el tiempo necesario para llenar un vaso de Guinness correctamente de barril. Durante la mitad de los noventa, Guinness hizo en una campaña de marketing que vendió esta característica negativa como algo positivo. Esencialmente, empezaron a decirle a la gente cuanto esfuerzo entraña tirar una cerveza perfecta.

Enfatizaron esto diciendo, "Tarda 119.5 segundos para tirar la pinta perfecta," y "las cosas buenas llegan a los que esperan."

Aquí tienes una lección: **cuéntale a tu público todo el esfuerzo que supone entregar tu producto o servicio.** En tu contenido de venta e incluso en el envase, dales detalles de cómo preparaste o creaste concienzudamente tu producto o servicio. Esto también sirve si entregas servicios. Háblales de tus aptitudes, como las conseguiste, todos los balances que usas y como entrenas a tus empleados. La historia de tu producto o servicio es una parte completamente esencial de tu marketing. No dejes que tus aptitudes y esfuerzo pasen desapercibidos. Esto les asegura que hay sustancia y calidad detrás de tu producto. Esto es especialmente importante si tienes un producto o servicio de alta calidad.

Si miras otra vez la foto del gel de ducha, verás que la historia ocupa todo el espacio de la botella. Ni siquiera hay un logo o el nombre de la empresa—¡una muy buena forma de optimizar el espacio! En realidad, **a nadie le importa tu logo, el nombre de tu empresa o una declaración de ser el mejor en tu industria.** Quieren saber qué va a hacer tu producto para ellos, y tu historia es esencial para conseguir esto.

Y eso es lo que pasó. Empecé como un participante sin ganas haciendo la compra y acabé viendo una vuelta nueva de un principio valioso de marketing—las cosas buenas llegan a los que esperan, sí señor.

Los Productos Crean Dinero, Los Sistemas Crean Fortunas

Una de las cosas principales en las que me he centrado en todos mis negocios es la creación de sistemas. Después de leer el libro de Michael Gerber *El Mito del Emprendedor*, estaba enganchado. La bombilla se iluminó en la parte empresarial de mi cerebro. Y era algo bueno, ya que me ha ido muy bien con los sistemas de negocios. Crear sistemas es algo que me llevó de estar en apuros y pobre en negocios a trabajar bien y salir de varias empresas nuevas de forma exitosa.

Los sistemas de negocios más valiosos son aquellos que son replicables. Si tu negocio depende de un genio o una superestrella de talento en su centro, entonces será difícil o imposible replicar. Es una de las razones por las que el inversor Warren Buffett sólo invierte en "empresas aburridas," aquellas que puede comprender, que tienen un producto bueno, una gestión sólida, y que genera mucho dinero—¡que aburrido!

Entre sus negocios, no verás ninguna empresa tecnológica emergente de alto riesgo, empresas de biotecnología dudosas o conceptos que no entiendes. Estos suelen depender de una o dos superestrellas que destrozarían el negocio si se marcharan. En vez de eso, verás empresas sólidas que tienen sistemas que entregan productos excelentes de manera consistente durante mucho tiempo. **Los sistemas permiten a los mortales llevar negocios extraordinarios.**

Una vez que tengas un sistema de negocio replicable, las personas querrán pagarte grandes cantidades de dinero por ello. El dinero puede llegar de muchas formas, pero los más comunes son:

- Clientes queriendo hacer negocios contigo porque das resultados consistentes
- Oficinas de patentes queriendo patentar tu sistema
- Franquiciados que quieren comprar tu sistema de franquicia
- Un inversor o competidor que quiere comprar tu negocio

Hay cuatro tipos principales de sistemas de negocios que tienes que crear, sea cual sea tu negocio. Tu fortuna está casi garantizada si eres capaz de crear sistemas replicables y expansibles en estas cuatro áreas de tu negocio:

1. Sistema de Marketing: genera un flujo continuo de prospectos a tu negocio.
2. Sistema de Ventas: cuidar de los prospectos, seguimiento y conversión
3. Sistema de Ejecución: lo que haces a cambio del dinero de tu cliente
4. Sistema de Administración: cuentas, recepción, recursos humanos, etc. Soporte de todas las funciones de la empresa

Sea cual sea tu negocio, estas cuatro funciones te serán relevantes.

Muchas pequeñas empresas se empantanan con ejecución y administración mientras que ignoran sus sistemas de marketing y ventas. Después de todo, nadie te presiona con fechas límite para hacer más marketing. Todos los asuntos que parecen más urgentes siempre parecen estar en las funciones ejecutivas y de administración. Esto provoca una situación común en el que el negocio está en apuros, aunque ofrecen productos y servicios excelentes.

El problema es que **los clientes no descubren lo bueno que es tu producto o servicio hasta después de haberlo comprado.** Y si tus sistemas de marketing y ventas no están funcionando, nunca comprarán ni descubrirán lo bueno que eres. Es un círculo vicioso.

Algunos dependen de su reputación y el boca a boca. Aunque estos son geniales, cuesta mucho tiempo crear suficiente trabajo solo por tu reputación. Las empresas inteligentes, sin embargo, hacen mucho esfuerzo para perfeccionar sus sistemas de marketing y ventas.

Así que, ¿qué es exactamente un sistema de negocio?

Resumido, los sistemas de negocio empiezan con procedimientos y procesos documentados que permiten que tu negocio funcione sin ti. Normalmente, esto se hace con listas de control, pero la formación de video y audio también puede ser una parte importante. En conjunto, se refiere a estos materiales como **manual de operaciones** y su propósito es recoger los "conocimientos" colectivos de la empresa.

La empresa referente para sistemas de negocios es McDonald's. Es una empresa multi-billonaria, compleja e internacional que, esencialmente, la llevan adolecentes sin la capacidad de ni siquiera hacer sus propias camas. ¿Cómo lo hacen? McDonald's tiene sistemas de negocio alucinantes. Su manual de operaciones cubre hasta el más mínimo detalle de la empresa, desde las cosas grandes como contratar e interacción con el cliente a saber exactamente cuánta salsa y cuántos pepinillos van dentro de un Big Mac. Yo lo sé. Trabajé ahí cuando era adolecente. Aquí hay algo que encontré hace unos años durante una mudanza.

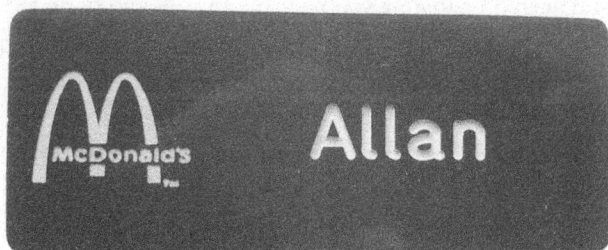

En mi experiencia, hay dos razones principales por las que los sistemas de negocio se pasan por alto en los pequeños negocios.

La primera razón es que los sistemas de negocio son funciones "administrativas." A diferencia del producto más reciente que se ofrece, técnicas de ventas u otros aspectos muy visibles de tu negocio, los sistemas de negocio buenos son considerados como algo aburrido. Construirlos puede ser aburrido, pero el enorme poder que te aportan no lo es.

La segunda razón por la que se pasan por alto los sistemas de negocio es por la falta de urgencia percibida. Cuando una empresa es pequeña o de andadura reciente , parece que hay muchas cosas más importantes que hacer, como las ventas, administración o ejecución de pedidos. Con todas estas cosas importantes luchando por el poco tiempo del que dispone el dueño del negocio, los sistemas de negocio parecen algo que se puede atrasar hasta una fecha más lejana. Pero, como con cualquier otra cosa ignorada hasta más tarde, esto suele acabar mal.

Es una situación triste cuando el dueño de un negocio va a vender su negocio y descubre que, después de tantos años de esfuerzo, su negocio no vale nada. No es que el negocio no valga nada; es más, ellos son el negocio y, sin ellos, no hay negocio para vender. En casos como estos, no lo pueden vender por ningún tipo de cantidad razonable más allá del valor de su stock y quizás una pequeña cantidad nominal de fondo de comercio.

Hay muchos beneficios de implementar sistemas en tu negocio. Aquí tienes algunos de los más importantes.

Crea un activo valioso. Está bien que tu negocio te de suficiente dinero para vivir tranquilo. Pero, ¿no sería genial si cuando decides jubilarte, pudieras vender tu negocio y recibir el mayor pago de tu vida? Sólo podrás hacer esto si aumentas el valor de tu negocio y esto puede ocurrir solo si hay un sistema que puede continuar funcionando sin ti.

Ventaja y adaptabilidad. Los sistemas dan a tu empresa la habilidad de expandirse. Puedes replicar tu negocio en otras zonas geográficas tú mismo o por franquicias o licencias de derecho de uso de tu sistema de negocio. Muchas fortunas se han hecho así.

Consistencia. La consistencia es uno de los factores claves de dar una experiencia de cliente excelente. Puede que no te guste la comida de McDonald's pero una cosa que si puedes decir de ellos es que, cada vez que vas, recibes una experiencia consistente.

Costes de trabajo más bajos. Cuando tú y tus empleados no tenéis que perder tiempo ni esfuerzo en reinventar la rueda, mejoras tu eficiencia y reduce los costes laborales.

El Poder de Los Sistemas—La Habilidad de Despedirte a Ti Mismo

Deja que te haga una pregunta. ¿Si te vas a otro país durante seis meses, dejando atrás tu negocio, cuando vuelves, estaría en mejores o peores condiciones que las de antes de irte? ¿Si quiera tendrías un negocio al que volver? Si has contestado con una negativa a cualquiera de estas preguntas, es posible que no tengas un negocio—más bien, tú eres el negocio. Muchos negocios pequeños, especialmente donde el único trabajador o todos los socios de la empresa, cometen el error, por las razones vistas anteriormente, es el de no tener en cuenta los sistemas. Después de todo, el negocio es pequeño y el fundador o fundadores hacen todo el trabajo. Por desgracia, esta forma de pensar les condena a seguir siendo pequeños y seguir siendo prisioneros de su negocio.

Se suelen encontrar en un callejón sin salida. No tienen tiempo de trabajar para el negocio porque están trabajando en el negocio. Y no se pueden alejar del negocio porque no han creado sistemas y procesos documentados. Así que están atrapados en un negocio que se ha convertido en una prisión. No me malinterpretes, puede que tengan éxito financiero. Puede que su negocio vaya genial con una base de clientes fieles, pero el problema es que están atrapados—atados a su negocio.

Si se van o enferman durante un periodo largo de tiempo, su negocio deja de existir. El problema es que todos los conocimientos del negocio están guardados en su cabeza. La única forma de salir de esta situación es tomar el tiempo de crear y documentar estos sistemas de negocio. Por suerte, esto proceso abrumador no es tan difícil si lo separamos en partes.

Nuestro objetivo es eliminar el mayor obstáculo de tu negocio—Tú. Aunque no estés pensando en salir inmediatamente de tu negocio, llegará el día en el que necesitarás tomar un Descanso, querrás empezar algo nuevo, contratar a más empleados o incluso vender tu negocio. Cuando llegue ese momento, darás las gracias por haber seguido este consejo.

Tu trabajo como emprendedor es ser innovador y creador de sistemas. Aunque ahora mismo seas el único trabajador, es importante pensar a largo plazo y pensar en grande. La primera parte de este proceso es pensar en tu negocio siendo diez veces más grande de lo que es ahora. Si ese fuera el caso, ¿qué roles existirían? Por ejemplo, ¿tendrías a alguien para ocuparse de la contabilidad, alguien en los envíos, otra persona en ventas, en marketing, etc.? Te haces una idea de lo que quiero decir.

Si eres el único trabajador o una empresa pequeña, no es problema si tú eres el que hace todo los roles de tu negocio. Pero si es un problema si tienes que ser el que hace de **todo** en tu empresa. Si eres indispensable, eres un obstáculo y tu negocio sólo se moverá a tú ritmo.

Tenemos que empezar a mirar cada uno de los roles en un negocio. Y cuando digo rol, no digo persona. Por ejemplo, en un negocio pequeño, la misma persona puede ser tanto recepcionista como contable. Aunque la misma persona actúa en estos dos roles, siguen siendo dos roles diferentes y, si la empresa es más grande, estos dos roles serían de dos personas diferentes. En empresas aún más grandes, un rol puede ser dividido aún más. Por ejemplo, puede haber un contable para cuentas a pagar y otro para cuentas a recibir. Una vez que hayas identificado los diferentes roles en tu negocio, puedes empezar a definir las tareas de que se ocupan cada rol. Por ejemplo, ¿cuáles son todas las tareas que esperamos de alguien que se ocupa de la contabilidad? Estas tareas pueden incluir:

- Facturación de clientes
- Conciliación bancaria

- Seguimiento de facturas no pagadas
- Introducción de facturas de proveedores
- Etc.

Una vez que hayamos identificado todos los roles dentro de nuestro negocio y hemos definido las tareas de cada rol, tenemos que documentar exactamente cómo se tiene que completar cada tarea.

Una de las mejores herramientas que puedes usar para crear sistemas de negocios son las listas de comprobación. Las listas son fáciles de crear y seguir. Una vez que hayas creado una lista de todas las tareas realizadas en tu negocio, estás listo para documentar exactamente cómo se tienen que realizar estas tareas.

Un ejemplo simplificado para el seguimiento de facturas no pagadas podría ser algo así:

- Hacer un informe de cuentas a recibir.
- Para las facturas con un retraso de pago de 7 a 13 días, mandar un recordatorio amable.
- Para las facturas con un retraso de pago de 14 a 27, llamar al cliente y recordarle que tiene que pagar.
- Pasar cualquier factura con un retraso de pago de más de 27 a la agencia de recobro de deudas.

¿Ves cómo hemos dividido la tarea en pasos pequeños y fáciles de seguir? Claro está que lo de arriba es un ejemplo muy simple para usar aquí. Algunos de estos pasos incluirían otras tareas que también tendrían que ser documentadas; por ejemplo, ¿cómo se hace un informe de cuentas a recibir?

En resumen, es esencialmente un proceso de tres pasos:

1. Identificar todos los roles de tu negocio.
2. Definir qué tareas hace cada rol.
3. Crear listas para completar todas estas tareas.

Ahora, si quieres delegar una tarea, va a ser mucho más fácil poder entregar a esta persona un proceso con todos los pasos a seguir en vez de darles formación ad hoc y vigilar constantemente a ver si lo hacen bien.

Ahora adaptar tu negocio se convierte en algo muy fácil—sólo añade a más personas. Una vez que hayas descubierto el poder alucinante de sistemas en tu negocio, no volverás a hacer las cosas como las hacías antes.

Cómo puedes ver, este proceso es la forma de documentar todos los procesos que ya usas. Actualmente, puede que todos estos procesos estén guardados en tu cabeza y sólo tú tienes acceso a ellos. Documentar los sistemas de negocio es la única forma fácil de adaptar tu negocio y dejar que funcione sin ti.

Más importante, esto asegura que tus clientes tengan una experiencia consistente. Si, o mejor dicho, cuando los empleados se unen a, o dejan tu empresa, quieres asegurar que tus clientes siguen teniendo una experiencia de primera clase. No puedes dejar esto a la discreción de ciertos empleados. Tiene que salir de la empresa y teniendo sistemas documentados es, sin duda, a mejor forma que conozco.

Tu Cliente Definitivo

Neil Armstrong dijo una vez: "Sólo tienes que solucionar dos problemas para ir a la luna: primero, cómo llegar allí; y segundo, cómo volver. La clave está en no salir hasta no solucionar los dos problemas."

Con la emoción de empezar un negocio, es común pasar mucho tiempo pensando en el "cómo llegar allí," o sea, tener éxito, pero a menudo se olvida pensar en el "cómo volver"—dicho de otra forma, la estrategia de salida.

Cuando empiezas un negocio, es importante pensar y planear cómo saldrás de ahí. Parece obvio pero es algo en lo que muchos dueños de negocios no piensan hasta que ya es demasiado tarde. ¿Cómo va a acabar? ¿Quién será tu comprador? ¿Por qué van a comprar tu negocio? ¿Comprarán por la base de clientes, por los beneficios, por la propiedad intelectual? ¿Cómo conseguirán su ROI? Contestar a estas preguntas te ayudará a visualizar exactamente quién va a ser tu comprador y por qué van a comprar. Es esencial pensar en estas cosas al principio porque te pueden ayudar a moldear exactamente cómo quieres llevar tu negocio y en qué te tienes que centrar. Si tu objetivo es salir de tu negocio con 50 millones de dólares, todo lo que hagas en tu negocio se centrará en esta pregunta, ¿esto me va a ayudar a conseguir 50 millones de dólares?

Rara vez vas a ganar tanto llevando un negocio como vendiéndolo. La persona o empresa que te deja sin negocio es tu cliente definitivo, y satisfacerles resultará ser el pago más grande que recibirás en tu vida. Se han conseguido fortunas enormes de esa manera. Por desgracia, una gran cantidad de negocios no tienen valor y acaban desapareciendo porque el dueño lo quiere así, o quiere hacer otra cosa y no ha conseguido encontrar un comprador. Por eso es esencial estructurar las cosas de manera que te asegure que estás en el lado ganador de un pago grande en vez de verte en la situación de que todos tus años de esfuerzo no valen nada desde el punto de vista empresarial.

He vendido varias empresas a lo largo de los años y ahora que soy inversor, estoy sentado al otro lado de la mesa, evaluando negocios para ver si merece la pena invertir. Te puedo decir que una de las cosas más importantes que busca un comprador, y lo que tú tienes que satisfacer, es si tienes un negocio o eres el negocio. Hay una diferencia enorme. Si tu negocio no puede funcionar sin ti, no es un activo que se pueda vender y estás atrapado, sea cual sea el beneficio que tiene. Por eso los sistemas de negocio son esenciales. Tener sistemas documentados es lo que permite a un negocio funcionar sin ti.

Luego, tienes que considerar quien va a comprar tu negocio y por qué. ¿Será tu competencia? ¿Alguien nuevo en la industria? ¿Alguien de tu industria pero de un nicho diferente? Estructurar tu negocio con un comprador lógico en la mente es inteligente y algo muy atractivo para los inversores. Les muestra un camino claro para salir y volver a su capital invertido. Aunque no estés planeando usar inversores, como el dueño del negocio, tienes que pensar en ti mismo como inversor. Eres el emprendedor de día, pero, de noche, eres el inversor y te tienes que preguntar cuándo llegará el beneficio de ese capital invertido y cómo va a llegar.

Una de las objeciones más comunes que oigo de los dueños es, "Me encanta lo que hago y no tengo intención de vender." Eso es genial, si lo que te gusta te está haciendo ganar dinero—muy pocos disfrutan de ese estilo de vida.

Pero, te guste o no, algún día, tus circunstancias cambiarán. Puede que te aburras, enfermes, quieras jubilarte, veas una mejor oportunidad y quieras cambiar, etc.

No es sí, es cuando decidas que ya es hora de vender, quieres poder salir de ahí con un cheque que contenga muchos ceros en vez de acabar con ello con una posible deuda o vender por una miseria. Si no empiezas a pensar en estructurar tu salida para cuando tengas que salir, te arruinarás. Será demasiado tarde y es muy improbable que consigas un resultado favorable. Tienes que empezar pensando en el final. Empieza a pensar en tu cliente definitivo y lo que les motivará para rellenarte un cheque con el mejor pago de tu vida.

Capítulo 7 Artículo de Acción:

¿Cómo Darás una Experiencia de Primera Clase?
Rellena el cuadrado #7 de tu plantilla del Plan de Marketing de 1-página.

8

INCREMENTAR EL VALOR DE VIDA DEL CLIENTE

Capítulo 8 Resumen

Incrementando el valor de vida de clientes existentes es cuando ganas dinero de verdad. Para hacer esto, necesitas tener estrategias y tácticas para conseguir que tus clientes existentes hagan más negocios contigo. También tienes que conocer, gestionar y mejorar continuamente cifras claves de tu negocio.

Los puntos que miraremos en este capítulo incluyen:

- Por qué tu base de datos de clientes existentes es una mina de diamantes y cómo darse cuenta de su valor.
- Cinco formas de ganar dinero con clientes existentes
- Cómo recuperar clientes perdidos o reactivar clientes que no han comprado en tu negocio recientemente
- Las métricas esenciales de marketing que tienes que conocer y gestionar
- Un ejemplo en el que, con solo mejorar un poco tres cifras claves, generarás un 331% de mejora a tus beneficios netos
- Por qué no todo el crecimiento e ingresos de negocios son buenos y cómo evitar "beneficios contaminados"
- Las cuatro categorías de clientes en tu negocio y por qué no deberías tratarles a todos igual

Incrementar El Valor
De Vida Del Cliente

Acres de Diamantes

COMO EMPRENDEDORES, NOS solemos centrar en la caza. Somos cazadores, dinámicos, y nos gusta el sabor de sangre fresca en la boca. Son esas cosas sexys que vimos en detalle en los primeros seis capítulos de este libro. Es la oferta "front end" que trae a los nuevos clientes.

En este capítulo, quiero centrarme en el "back end." O sea, las cosas que hacen que tus clientes existentes compren más. Sé que esto no es tan sabroso como hablar de posicionamiento, técnicas de cierre o estrategias chulas de marketing para conseguir nuevos clientes, pero confía en mí, es este capítulo es dónde se gana dinero de verdad.

La charla clásica de Russell Conwell "Acres de Diamantes" habla de un hombre, Ali Hafed, quien quería tanto encontrar diamantes que vendió su granja, dejó a su familia y comenzó una búsqueda que le llevó por todo el mundo. Su búsqueda fue en vano y no le llevó a nada más que su propia muerte. Mientras tanto, el nuevo dueño de su granja descubrió "la mina de diamantes más magnifica de la historia de la humanidad" justo ahí, en la granja que le había comprado a Ali Hafed.

Para escuchar un audio de la charla "Acres de Diamantes" o leer la transcripción, visita 1pmp.com

La moraleja de la historia es "excava primero en tu terreno cuando busques un tesoro." Creo que esto se aplica perfectamente al marketing también. Muchas empresas tienen una "mina de diamantes" en forma de clientes existentes que no se les saca provecho, mientras que abandonan a esta "familia" de clientes existentes después de solo un par de transacciones y gastan energía, dinero y recursos de marketing en buscar nuevas fuentes de beneficio.

Mientras que la mayor parte de este libro se centra en conseguir nuevos clientes, que es esencial, es sólo una de las dos maneras de hacer crecer tu negocio. La otra forma es sacar más de clientes existentes y pasados. Muchas empresas, especialmente las que han estado abiertas unos cuantos años, están sentadas encima de una verdadera mina de diamantes. Incrementar los ingresos y, más importante, el beneficio de clientes existentes y pasados es mucho más fácil que conseguir clientes nuevos. Una estadística bastante conocida es que una persona es 21 veces más probable que compre en un negocio dónde ya ha comprado comparado con uno dónde nunca han comprado.[6] Esto te pone en una ventaja de venta muy grande cuando se trata de tus clientes existentes y pasados. El beneficio real está en averiguar cómo vender más a estos clientes e incrementar su valor de vida. Vamos a ver cinco formas de hacer esto.

Subir Precios

Una de las formas de incrementar el valor de vida de un cliente que se pasa por alto es simplemente subir los precios. Muchas empresas temen que subir los precios puede llevar al éxodo del cliente o a algún tipo de represalia. Aunque hay que gestionarlo con una buena estrategia, verás que los clientes son menos sensibles al precio de lo que imaginabas. Si te posicionas correctamente, como vimos en el

---

6   Esta estadística ha estado rondando durante años. No voy a ni intentar buscar su fuente. En realidad, el número es irrelevante, puede ser 21, 18 o 5. Lo que sí es relevante es que es más fácil vender a personas que han comprado antes en tu negocio de lo que es intentar vender a nuevos clientes.

Capítulo 6, y das una experiencia de cliente excepcional, como vimos en el capítulo anterior, tus clientes aceptarán la subida de precios sin problema.

Dependiendo de cómo negocias con tus clientes, algunos seguramente ni se darán cuenta.

Cambia por un momento los roles y piensa en tus hábitos de compra. ¿Cuántas veces te has visto pasando la tarjeta sin mirar el total, y mucho menos contando cada cosa de la factura? Personalmente, yo me veo en esta situación a menudo, especialmente cuando se trata de bienes y servicios de menos valor. Aunque visito mi cafetería local a menudo, no sé exactamente lo que cobran por un café. Aún más importante, si suben sus precios un 10% o 20%, lo más seguro es que ni me enteraría. Simplemente pasaría mi tarjeta y esperaría a mi café. Sin embargo, supongo que, para el dueño de la cafetería, ese aumento del 10% o 20% a sus beneficios netos sería algo significativo—posiblemente la diferencia entre estar en apuros y vivir bien de su negocio.

¿Cuándo fue la última vez que subiste los precios? Si ha pasado ya un tiempo, puede que ya sea hora reevaluarlo. Te cuento: si mantienes tus precios constantes durante mucho tiempo, en términos reales, lo que haces es bajarlos, dado que la inflación hace que la misma cantidad nominal de dinero tenga menos valor con el paso del tiempo. La inflación es el aumento continuo del precio general de bienes y servicios durante un periodo de tiempo. Piensa en el precio de la leche o el pan cuando eras niño, comparado con ahora. Eso es inflación. Si no aumentas tu precio durante mucho tiempo, lo que haces es reducir tu propio sueldo.

La clave para subir tus precios de forma que sea aceptada por tus clientes es darles una razón del por qué. Explícales el incremento de calidad de tu producto o el incremento en los costes que has tenido que pagar. Explica los beneficios que ya han recibido de tus ofertas y cómo se van a beneficiar de tus innovaciones futuras. Puede que un porcentaje de clientes te deje a pesar de tus explicaciones; pero estos suelen ser clientes del más bajo valor. Un cliente que se gana con el precio, se pierde con el precio. Si se hace bien, el incremento de beneficios ganados por aumentar tus precios sobrepasarán los ingresos perdidos de clientes sensibles al precio.

Si estás particularmente preocupado de que tus clientes existentes no tolerarán una subida de precios, puedes intentar la cláusula de derechos adquiridos. Esto significa que el precio sólo aumenta para nuevos clientes, y los existentes están exentos de cualquier aumento de precio.

Si haces esto, asegúrate de decirles a tus clientes existentes lo que vas a hacer, ya que esto puede reafirmar la gran oferta que reciben e incrementar su lealtad hacia ti, ya que haces que se sientan especiales.

Ventas Adicionales

"¿Quieres patatas con tu hamburguesa?" es la pregunta responsable de cientos de millones de dólares de McDonald's y una estrategia de venta adicional puede ser una fortuna para ti también. Las ventas adicionales es el adjunto de otros productos al producto o servicio principal que está a la venta.

En el libro clásico de Robert Cialdini Influencia: La Psicología de la Persuasión, habla del principio de contraste. El principio de contraste entra en juego cuando dos objetos presentados secuencialmente parecen más diferentes de lo que son en realidad. Por ejemplo, si levantas un objeto pesado seguido de un objeto ligero, vas a juzgar el segundo objeto de ser más ligero de lo que es en realidad. Si tus vecinos tienen una fiesta ruidosa toda la tarde, el silencio que aprecias de repente cuando acabe la fiesta es el efecto del principio de contraste.

Lo mismo pasa con el precio. Cuando posibles clientes compran primero el objeto "caro," los objetos adjuntos sugeridos parecen mucho más baratos. Los hombres que han comprado un traje saben exactamente de qué hablo. Llegas a la caja con el traje que has escogido, con la esperanza de pagar lo que pone en la etiqueta. En realidad, tu viaje acaba de comenzar. La dependiente empieza a hablarte de tus necesidades de camisas. Normalmente, te hubieras asustado con camisas tan caras, pero en contraste con el precio del traje, el precio de las camisas parece razonable. Cinco camisas más tarde, la dependienta te da cumplidos sobre tu gusto exquisito para las camisas y te ayuda a buscar corbatas a juego. Cuando piensas que ya ha acabado todo, llegan los calcetines y cinturones. Cuando por fin hayas acabado, el valor de tu transacción seguramente ha triplicado.

Con las ventas adicionales, dos cosas juegan a tu favor. Primero, el principio de contraste que ya hemos visto. Segundo, dado que el posible cliente no estaba buscando las sugerencias adicionales, es probable que no sean tan sensibles al precio del objeto adicional.

Estos dos factores significan márgenes más altos para ti. Aunque no lo recomiendo como una estrategia, no es raro que un producto primario tenga márgenes muy pequeños, y que el beneficio real esté en las ventas adicionales. La electrónica se suele vender así, con un margen muy pequeño en el producto primario y la mayoría del beneficio que sale es de los accesorios adicionales como cables, baterías y las garantías extendidas.

Una buena forma de enfocar una venta adicional es decir, "La mayoría de los clientes que se llevaron X, también compraron Y." Esto lo verás en empresas grandes de e-commerce como Amazon. La gente quiere participar en las reglas sociales. Con decirles cuáles son los hábitos "normales" de compra, tocas un deseo psicológico poderoso de la humanidad, el deseo de encajar.

Algunos piensan, y de forma errónea, que si un cliente acaba de comprar algo, hay que dejarle una temporada antes de intentar venderle algo de nuevo. Esto no puede estar más lejos de la verdad. Cuando un posible cliente está "caliente" y pensando en comprar, estará mucho más receptivo a las ofertas de venta. Esta es tu oportunidad de añadir una venta adicional de margen alto. Le da al cliente un mejor resultado e incrementa el valor de vida del cliente de forma instantánea.

Ascensión

La ascensión es el proceso de trasladar a clientes existentes tus productos o servicios de más precio y, esperemos, de más margen de beneficio. Es tu compañía de Internet vendiéndote un plan más rápido o tu concesionario vendiéndote el nuevo modelo de tu auto.

Las campañas de ascensión tienen que ser una parte constante de tu proceso de marketing. A menudo, los clientes se quedan con los productos o servicios existentes aunque pudieran beneficiarse de los productos más altos. Esto es la inercia trabajando en tu contra.

Aparte de hacer que ganes más beneficio, las campañas de ascensión te ayudan a combatir la inercia y puede evitar que los clientes se vayan con la competencia. Cuando los clientes piensan en ascender por su cuenta porque tu producto o servicio ya no cumple con sus necesidades, a menudo miran lo que ofrece la competencia y te culpan por la mala experiencia que han tenido con tu producto o servicio. Lo único que ven es que la línea de internet que les ofreciste es muy lenta o el auto que les vendiste gasta mucho.

Puede que sea culpa suya por elegir la opción barata tres años antes, pero será tú culpa y tú problema si les pierdes por no ser lo suficientemente proactivo para cumplir con sus necesidades.

Es igual de malo tener sólo una opción de precio o sólo una opción para cada categoría de tu producto o servicio. Si sólo tienes una opción, estás dejando de ganar mucho dinero. Por lo menos tienes que tener la opción "estándar" y "premium" para cada categoría. En el Capítulo 6, vimos la importancia de tener también un objeto de gama súper alta entre tus productos.

Este tipo de ofertas te pueden ayudar a ganar un alto porcentaje de tu beneficio neto, aunque sólo vendas unas cuantas unidades. También atraen a clientes más prósperos, quienes compran basándose en el prestigio, servicio y conveniencia, a diferencia de los clientes de bajo valor, que suelen comprar por el precio. Cómo vimos en el Capítulo 6, como regla general, un 10% de tus clientes te pagan 10 veces más, y el 1% de tus clientes te pagan 100 veces más. Tener sólo una opción te deja sin la oportunidad de ganar más.

Los objetos de gama súper alta también te ayudan a beneficiarte del principio de contraste de Cialdini. Tus clientes menos prósperos verán tus productos y servicios estándares con precios más razonables por comparación, mientras que conservan muchas de las características y beneficios del objeto de gama súper alta.

Por último, las opciones de gama alta les da un camino para ascender, algo a lo que aspirar. La gente siempre quiere lo que no puede tener y con objetos de gama súper alta entre tus productos y servicios, mantienes vivo su deseo de comprarlo en tu negocio en el futuro, cuando se lo puedan permitir.

Frecuencia

Incrementar la frecuencia con la que compran tus clientes es otra estrategia sólida para incrementar el valor de vida. Hay muchas estrategias para hacer esto, pero aquí tienes algunos de mis favoritos.

Recordatorios. Las personas tienen vidas ocupadas. No siempre recuerdan hacer cosas, aunque sea un beneficio para ellos.

Manda recordatorios por correo, email o SMS para recordarles de volver a hacer negocios contigo. Mandar recordatorios regulares puede ser automatizado, así que aprovecha la tecnología para hacer esto por ti. Algunos se preocupan por ser demasiado agresivos. Pero, si vendes algo de valor que beneficia a tus clientes, no les haces ningún favor si no les vendes de forma regular. Buenos candidatos para recordatorios son los productos o servicios que caducan. Algunos ejemplos incluyen mantenimiento del auto, masajes, revisiones dentales, vacunas de mascotas, y mucho más. ¿Y si vendes un producto o servicio que no caduca—por ejemplo, inmobiliaria, autos o servicios financieros—y no sabes cuándo el cliente puede comprar de nuevo? Esto lo vimos en el Capítulo 5. Mantén el contacto y continua creando y desarrollando una relación con tu sistema de cuidado de prospectos. Puede ser algo tan simple como un boletín de email. Esto te mantiene en su cabeza, y cuando ya estén listos para comprar de nuevo, tú serás la elección lógica.

Darles una razón para volver. Hace poco, mi mujer estaba comprando en una tienda de zapatos que está a casi una hora de nuestra casa. Cuando pagó su compra, le daban un cupón de $30 por cada $100 que se gastaba en la tienda. Se gastó unos $300 y acabó con un cupón de $90. Le dieron el cupón en la caja cuando iba a pagar y tenía una fecha de caducidad de unos seis meses. Pero, más importante, sólo era válido a partir del día después de realizar la compra, así que no podías volver a entrar en la tienda y usarlo de inmediato. Tenías que volver otro día para usarlo. Volvió a casa y me comentó todos los chollos que había encontrado. Luego me dijo, "Tenían unos zapatos que te pueden gustar, y tengo este cupón de $90. Sería una pena no usarlo." Adivina a dónde fuimos al día siguiente. Con la mitad de mí sábado gastado probando zapatos que no sabía que necesitaba, nos encontramos en la caja pagando otros $200. La dependienta nos dio la buena noticia. Habíamos gastado $200, así que teníamos un cupón de $60. Lo que ocurrió después es una lección en psicología humana que vale esos $200 adicionales. Vi a mi mujer, quien estaba cansada de ir y venir a esa tienda tan lejana casi suplicarle a la dependienta para no darle el cupón de $60, ya que no quería volver hasta ahí y no quería malgastar $60 tampoco.

La dependienta sonrió y le dijo que era la política de la tienda y que tenía que entregar los cupones. Con una táctica tan simple, la tienda había duplicado el valor de la transacción inicial y creada un dolor psicológico asociado con el no volver para comprar más. ¿Cómo puedes usar una táctica similar para fomentar compras continuas? Ten en cuenta que es diferente a hacer descuentos. Esto fomenta, incluso, casi obliga, a compras futuras.

Ayúdales a comprar continuamente con suscripciones. Algunos productos o servicios como el acceso a internet o el suministro de luz tienen un modelo de negocio a base de suscripción. Sin embargo, tienes que pensar fuera de la caja y aprovechar la revolución que está ocurriendo en cómo se venden productos que antes no eran de suscripción.

En el Dollar Shave Club convirtieron hojas de afeitar en un servicio de suscripción. ¡Eso es genial! No sólo han creado un valor y conveniencia enorme para sus clientes además ahora pueden cobrar por su producto cada mes hasta que alguien cancela. Otras categorías de productos les han copiado, permitiendo suscribirte a cosmética, ropa interior, fruta, calcetines, comida de mascotas, y mucho más.

Una bolsa pesada de comida de perro llega a mi casa automáticamente cada seis semanas. Ya no tengo que ir a la tienda y enterarme de que está agotado. Ya no tengo que cargarlo al auto y llevarlo a casa. Es todo automático; no tengo ni que pensarlo y mi proveedor está encantado con el flujo continuo de dinero. Si vendes bienes de consumo de cualquier tipo, ¿no podrías convertir tu producto en un servicio de suscripción?

El efecto secundario de esto es que el radar de comprar por precio del cliente se suele apagar cuando compran productos por suscripción. Mientras que, antes, podría estar tentado a buscar ofertas de una marca de comida de perro en particular que suelo comprar de las diferentes tiendas de mascotas de mi zona, ahora mi radar de comida de perro está apagado. Ya sé que se soluciona automáticamente cada seis semanas, ¿por qué debo molestarme en buscar más? Claro, el cliente puede hacer un estudio de mercado de vez en cuando, pero con un servicio de suscripción, no necesitan tomar una decisión de compra cada vez. Si das un valor añadido en forma de conveniencia, a tus clientes puede que ni les importe que les cobres más. Las personas entienden que la comodidad tiene un precio y la mayoría están de acuerdo con eso.

Reactivación

Si eres como la mayoría de empresas, estás sentado encima de una mina de oro con forma de una lista de clientes pasados. Los clientes pasados confiaron en ti lo suficiente para cruzar la línea de posible cliente a cliente. Puede que hayan dejado de comprar por muchas razones, incluyendo una experiencia mala, mejores precios en otro sitio, mudarse fuera de la zona local o simplemente apatía porque no les diste ninguna razón para volver.

Esta lista de clientes pasados tiene un valor tremendo porque la mayoría del trabajo para conseguir que los clientes nuevos te conozcan y confíen en ti ya está hecho. Ahora solo tienes que hacer una campaña de reactivación para volver a tenerlos. Esto está genial para conseguir resultados y dinero rápidos.

Aquí tienes algunas de las cosas básicas para una campaña de reactivación:

1. Empieza por mirar en tu base de datos de clientes y sacar los nombres de clientes pasados que no han tenido noticias tuyas o no han

comprado últimamente. Obviamente, quieres filtrar a los malos clientes que no quieres que vuelvan.

2. Crea una oferta buena para atraerles hacia tu negocio de nuevo. Una tarjeta de regalo, cupón o una oferta gratis con una buena llamada de acción suele funcionar bien.

3. Contacta con estos clientes pasados y pregúntales por qué no han vuelto. Si es algo que hiciste tú mal, y si es apropiado, ofréceles una disculpa y describe la acción que has tomado para corregirlo. Si se reactivan y empiezan a comprar de nuevo, haz un seguimiento para hacer que se sientan especiales.

Algunas temáticas y títulos buenos para campañas de reactivación son: "Te Echamos de Menos" o "¿Hemos Hecho Algo Mal?" Luego puedes describir que has notado que no han comprado últimamente y te encantaría tenerles de vuelta y mostrarles lo especiales que son. Ya te haces una idea.

En un mundo ideal, las campañas de reactivación deberían de ser innecesarias pero la realidad es que, de vez en cuando, lo harás mal, perderás un cliente con la competencia o te volverás complaciente con tu marketing. Una campaña de reactivación puede restaurar la relación y contribuir a incrementar el valor de vida del cliente de forma significativa.

Los Números Nos Cuentan Todo

Me encanta una buena historia y contar historias es una parte muy importante del marketing. Pero cuando hablamos de medir y gestionar el éxito de tu negocio, las historias suelen ofuscar a la realidad.

Si alguna vez has visto la serie de televisión Shark Tank sabrás a qué me refiero. Por si acaso nunca la has visto, Shark Tank es un programa de realidad en el que los emprendedores presentan sus negocios a un grupo de inversores ricos (conocidos como tiburones) con la esperanza de conseguir un inversor. Siempre empieza de la misma manera predecible. El emprendedor presenta su producto o servicio, describe qué problemas soluciona y luego hace una demostración. Suelen acabar la presentación diciéndoles a los tiburones que es una buena oportunidad para invertir. Los tiburones luego le lanzan unas preguntas y luego, inevitablemente, llega la pregunta que está en la mente de todo posible inversor: "Cuéntanos tus cifras de venta." Ahí es donde los emprendedores novatos se suelen poner nerviosos y empiezan a contar una historia larga sobre el por qué hay muy pocas ventas, o ninguna. También puedes ver estas mismas historietas en muchas propuestas de negocio e informes de inversores. Dedican páginas y páginas para contar su historia. Presumen de lo genial que es su producto o servicio, describen los posibles clientes geniales que tendrán en el futuro y lo apoyan con graficas preciosas que ilustran una trayectoria de crecimiento bueno. Luego llegan a sus cifras actuales y es todo rojo. Cuando me apetece algo de ficción, paso de las novelas de Stephen King y busco uno de estos informes. ¡Pueden ser muy entretenidos!

Puede que ya hayas escuchado el lema de gestiones que dice que **lo que se mide se gestiona.** El marketing es un juego en el que tienes que medir, gestionar y mejorar tus cifras constantemente. No necesitas una historia larga y enrevesada. Sólo necesitas los números porque **los números nos cuentan la historia entera.**

Tu médico sólo necesita unas cifras claves y sabe cuál es tu estado de salud. Tu contable sólo necesita unas cifras claves y sabe cuál es el estado de tu empresa. Esto también es cierto para tu marketing. Necesitas saber y mejorar continuamente tus números. En un momento, te demostraré por qué esto es tan poderoso, pero por ahora, aquí hay algunos números claves que deberías de saber:

- **Prospectos:** calcular la cantidad de nuevos prospectos que llegan a tu negocio (vimos cómo capturar y cuidar de los prospectos en los Capítulos 4 y 5).
- **Tasa de Conversión:** calcular el porcentaje de los prospectos que has convertido a clientes que pagan (Vimos la Conversión de Ventas en el Capítulo 6.)
- **Valor Medio de Transacción:** conocer la cantidad media que tus clientes se gastan contigo. (Hemos visto varias formas de incrementar este número en este capítulo).

- **Punto de Equilibrio:** identificar la cantidad de dinero que necesitas para mantener tus puertas abiertas. Esto engloba cosas como el alquiler, empleados, utillajes y otros gastos de empresa.

Todos estos números se suelen medir de forma mensual pero, dependiendo del tamaño de tu negocio, los puedes mediar diaria o mensualmente. Ahora vamos a mirar un ejemplo que demuestra lo poderoso que es medir, gestionar y mejorar estas cifras.

Imagina que diriges una tienda de comercio electrónico que vende productos electrónicos de consumo. Importas los bienes desde China y tienes un margen de beneficio del 50% en cada artículo que vendes. Tienes una media de 8.000 visitas a tu página web cada mes, y de estos, una media del 5% acaban comprando. De media, cada cliente se gasta $500. Tu punto de equilibrio, que englobe gastos de operación como llevar un almacén, contratar a empleados y pagar el sitio web es de $90.000 al mes. Así que tus números mensuales se parecen a esto:

Prospectos	8,000
Tasa De Conversión	5%
Conversiones Totales:	400
Valor Medio Por Transacción	$500
Ingresos Totales:	$200,000
Margen Bruto	50%
Beneficio Bruto Total:	$100,000
Punto De Equilibrio	$90,000
Total Beneficio Neto:	$10,000

Ahora, sólo queremos centrarnos en mejorar tres cifras claves. Queremos mejorar los Prospectos, la Tasa de Conversión y el Valor Medio por Transacción por sólo un 10% cada uno.

Así que, haces que el contenido de tus anuncios sea más llamativo y en vez de 8.000 visitantes a tu sitio web, consigues 8.800. Luego tienes una garantía de inversión de riesgo increíble que sube tu tasa de conversión del 5% al 5.5%. Por último, en la página de carrito de compra, tienes una oferta de venta adicional que aumenta el valor medio de transacción de $500 a $550. Tu margen se mantiene igual en 50% y los gastos fijos de operación se mantienen en $90.000 al mes.

Los números de antes y después de tu optimización de marketing serían así:

	ANTES	DESPUÉS
Prospectos	8,000	8,800
Tasa de Conversión	5%	5.5%
Conversiones Totales:	400	484
Valor Medio por Transacción	$500	$550
Ingresos Totales:	$200,000	$266,200
Margen Bruto	50%	50%
Beneficio Bruto Total:	$100,000	$133,100
Punto de Equilibrio	$90,000	$90,000
Total Beneficio Neto:	$10,000	$43,100

¿Ves lo que ha pasado? Hemos mejorado sólo tres cifras claves por sólo un 10%, pero el resultado a los beneficios netos es un asombroso 331% de mejora. En el primer caso, el dueño del negocio ganaba $120.000 brutos al año. En el segundo caso, ha ganado $517.000 por año. ¿Crees que esto puede tener un gran impacto en su vida? Sin duda que sí.

Es cierto que es un ejemplo muy simple y hemos usado matemáticas básicas con el propósito de hacer una demostración. Sin embargo, se hace evidente lo importante que es el marketing para un negocio y las ventajas que trae.

Se podrían hacer más optimizaciones, como incrementar los márgenes brutos a través de incrementos en el precio o mejores compras con otro proveedor. Quizás se podría reducir costes de operación con mejor automatización y sistemas de negocio.

Lo más importante es que con medir, gestionar y mejorar las cifras claves de tu marketing, aunque sea por una cantidad pequeña, puede tener un impacto grande en el resultado final. **Las cosas pequeñas tienen impactos grandes**.

Hay varias otras métricas claves que necesitas medir y gestionar. Como vimos en el Capítulo 3, el coste de adquisición del cliente es una métrica importante que te ayuda a calcular, de media, cuánto te gastas en medios publicitarios para atraer y convertir a nuevos clientes. Esto, en cambio, te ayuda a averiguar qué tipo de ROI te da cada medio.

Cómo hemos visto en este capítulo, tu empresa debería tener un elemento de suscripción o recurrente. Si aún no lo tiene, eso es algo que tienes que hacer urgentemente. Aquí tienes algunas métricas claves que necesitas para medir y gestionar un modelo de negocio recurrente o de suscripción:

- **Ingresos Mensuales Recurrentes:** esto es el total de tu facturación recurrente. Quieres que esta cifra crezca continuamente. Si no sube o empieza a bajar, puede que tengas un problema de adquisición de cliente o de cancelaciones.
- **Tasa de Cancelación:** esto es el porcentaje de clientes recurrentes que cancelan su suscripción o dejan de comprar. Llenar el cubo está bien, pero no si tiene una pérdida igual de rápida.
- **Valor de Vida del Cliente:** esto es la métrica clave en la que se ha centrado este capítulo. El dinero se encuentra en incrementar esta cifra.

Vigilar constantemente tus cifras claves es una de las mejores maneras de gestionar tu negocio y hacer que las cosas vayan en la dirección correcta. Evita sorpresas desagradables en tus informes financieros trimestrales o anuales.

Yo recomiendo que te mantengas al día con estas métricas de marketing, al igual que con cualquier otra cifra significativa en tu negocio, usando un panel de control de empresa. Un panel de control de empresa puede ser algo tan sencillo como una pizarra blanca con las cifras importantes que se actualizan de forma manual cada semana o cada mes, o puede ser más sofisticado; por ejemplo, una pantalla en tiempo real o un sitio web interno. Las soluciones de software de panel de control pueden extraer automáticamente datos en tiempo real de una variedad de fuentes. Esto hace que medir y gestionar tu métricas sea fácil. Otras métricas que podrías incluir en tu panel de control podrían ser tasas de satisfacción del cliente o la cantidad de quejas que recibes. Un panel de control de empresa es una buena forma de ver problemas temprano y una forma de mantener a tu equipo emocionado, motivado y responsable. Los dueños de negocios inteligentes suelen usar incentivos con llegar a cifras claves. Puedes hacer algo informal como llevar el equipo a cenar si la tasa de cancelación se mantiene por debajo de cierta cantidad, o puedes tratar los incentivos más formales con dar bonos o premios cuando se llega a ciertas cifras.

Medir, gestionar y mejorar tus números de forma diaria, semanal o mensual es clave para conseguir crecimiento en tu empresa.

Ingresos Contaminados y el Dólar Desequilibrado

La mayoría de emprendedores están centrados en el camino al crecimiento e ingresos, y a veces, no piensan lo suficiente en la **calidad** de esos ingresos. En esta sección, quiero presentar el concepto del dólar desequilibrado. Esto es esencial para ayudarte a crear una tribu de seguidores fieles en vez de clientes transaccionales. Esto es clave para tu éxito. La diferencia entre un cliente que no es más que una transacción y otro que es un gran seguidor es enorme, aunque la cantidad de dinero nominal es igual. Debido a esto, no todos los ingresos son buenos y no todo crecimiento es bueno. Por ejemplo, el cáncer crece pero no es el tipo de crecimiento que quieres. El tipo de ingreso equivocado es igual de letal para el crecimiento de una empresa.

Las empresas necesitan ingresos como el cuerpo necesita agua y aire. Las empresas pequeñas no suelen tener muchos recursos, así que se les puede perdonar el hecho de no discriminar de dónde vienen sus ingresos. Suelen estar en modo "como lo que mato." Si bebes agua contaminada o respiras aire contaminada, enfermas. Igual, si aceptas clientes tóxicos, crearás **ingresos contaminados** que enfermarán a tu negocio.

En otras palabras, un dólar de clientes no óptimos o tóxicos no es igual que un dólar de un cliente fan de tu negocio. Entender este principio del dólar desequilibrado es esencial. Generalmente tu base de clientes se puede dividir en cuatro categorías:[7]

1. **La Tribu:** este conjunto de clientes son seguidores fieles, apoyan, fomentan y promocionan tu negocio y conspiran activamente para tu éxito. Estos son ingresos sanos que hacen crecer tu negocio. Aumentar este tipo de cliente es esencial para tener éxito y conseguir crecimiento.

2. **Los Canceladores:** los canceladores son clientes que no se pueden permitir tu negocio o por dinero o tiempo. Dado que no se pueden permitir tu negocio, puede que te hayas comportado de forma agresiva con ellos, con tácticas de ventas y marketing, promesas o grandes descuentos para conseguir que se apunten. Luego, cuando descubren que no encajan bien, cancelan. Te dejan, y si tienes muchos de estos en tu negocio, te puedes contagiar con la "enfermedad de la cancelación," que puede ser letal para tu negocio. Este tipo de cliente también puede crear problemas de marca de tu negocio, ya que suelen volver al mercado y contar a la gente que eres un mentiroso o te tachan de deshonesto.

3. **Los Vampiros:** a diferencia de los canceladores, los vampiros se pueden permitir tu negocio pero **tú no te los puedes permitir a ellos.** Los vampiros consumen una cantidad enormemente desproporcionada de recursos comparado con los demás clientes. No suelen estar contentos de trabajar con el equipo que tienes. Siempre necesitan hablar con el director y suelen aterrorizar y manipular al director para que éste, en cambio, aterrorice a su equipo para su interés. Chupan toda la sangre de tu negocio.

4. **El Leopardo de Nieve:** este puede ser tu mayor cliente, uno que es responsable de una enorme parte de tus ingresos y quien te paga mucho dinero. Son exquisitos y preciosos pero muy pocos y casi imposibles de replicar. La mayoría de empresas tienen un

---

7 Muchos de los conceptos de esta sección fueron creados por Richard Tripp, especialista en crecimiento y creador del Método POV, que ayuda a categorizar ingresos sanos vs enfermos.

cliente así. También suele ser divertido tratar con ellos. Son tan maravillosos que al equipo y a los líderes del negocio les encanta pasar tiempo con ellos. Suelen ser una mala inversión porque son tan pocos que, por lo tanto, no representan una buena estrategia de crecimiento.

Otra forma más formal de categorizar a tus clientes es usar el Net Promotor Score (NpS). El NpS fue creado para medir la lealtad y satisfacción del cliente. En terminología NpS, los clientes son promotores, detractores o pasivos. El NpS puede ser tan bajo como -100 (todos son detractores) o tan alto como +100 (todos son promotores). Una NpS que es positiva (o sea, más alto que 0) es buena, y una NpS de +50 es considerado excelente. El Net Promotor Score se calcula basándose en las respuestas de una sola pregunta, "En una escala del 0 al 10, ¿qué tan probable es que nos recomiendes a un amigo o colega?" A los que responden con un 9 o 10, se les pone el título de "Promotor." Los que responden con una puntuación del 0 a 6 son "Detractores." Los que responden con un 7 u 8 son "Pasivos." A menudo, la puntuación suele ser seguida por una pregunta abierta pidiendo razones por la puntuación del cliente. Aunque uses métricas más formales como la NpS con títulos como Promotores y Detractores, o uses técnicas más informales y títulos como Tribu, Canceladores y Vampiro para categorizar tus clientes, es importante que no trates a todos los clientes o ingresos por igual. No te dejes engañar pensando que todos los ingresos son buenos.

Despedir a Clientes Problemáticos

¿Despedir a clientes? Eso parece un concepto muy raro para muchos dueños de negocios que intentan desesperadamente encontrar nuevos clientes y trabajo. También puede parecer raro que en un libro sobre marketing y adquisición de clientes tengamos una sección dedicada a despedir a clientes. Pero, como hemos visto en la sección anterior, no todos los dólares son iguales y no todos los ingresos son buenos. A veces llegarás al punto en el que sabes que tienes clientes tóxicos e ingresos contaminados. Sabrás que están chupando la vida de tu negocio y no puedes dejar que continúe.

El no despedir a clientes problemáticos seguramente te está costando grandes cantidades de tiempo, dinero y frustración. Seguro que has oído el viejo dicho, "el cliente siempre tiene la razón." Yo te digo que el cliente no siempre tiene la razón. Sino el cliente **correcto** siempre tiene la razón. Tomar este dicho al pie de la letra significaría pasar tu vida empresarial siendo pisoteado mientras intentas complacer o mantener clientes problemáticos como los vampiros o canceladores. A diferencia del buen vino, los clientes malos no mejoran con el tiempo.

Deja que aclare algo. No estoy hablando de clientes que tienen razones legítimas para quejarse. Los clientes que tienen quejas de verdad son activos inteligentes valiosos. Suele ser este tipo de cliente quien te ayuda a destapar debilidades en tu negocio. Puede que incluso destapen algo que te está causando perder clientes sin tu saberlo porque otros clientes insatisfechos no se han quejado—simplemente dejaron de comprar. Arreglar quejas legítimas de clientes puede fortalecer tu relación con ellos y hacer que tu negocio sea más robusto. Un cliente que ve que respondes y solucionas su queja genuina tiene más probabilidades de comprar otra vez y recomendarte a otros. Se sienten validados, respetados y que se les toma en serio.

Vamos a definir clientes problemáticos. Estas personas son tus detractores, vampiros, canceladores. Siempre se están quejando, están insatisfechos y sienten que todo el mundo se aprovecha de ellos. Podrías bañarles en oro y darles tus productos y servicios gratis y buscarán algo de que quejarse. Estas personas son como un cáncer que te chupa la vida y la de tu negocio. Te sugiero que te deshagas de ellos lo antes posible. Sin excepción y a través de múltiples negocios e industrias, he comprobado que son los clientes de bajo valor y sensibles al precio los que se quejan más, pierden muchísimo de tu tiempo y siempre hace falta ir detrás suya para que paguen. Los clientes de alto valor que traen más beneficio suelen ser los que pagan a tiempo, te tratan con respeto y valoran tus servicios. Parece contradictorio, pero ha mostrado ser cierto en todos los negocios en los que he participado. Te sugiero que, como parte de tu rutina habitual, despidas a estos clientes problemáticos de poco valor.

Como dueños de negocios nos solemos engañar pensando que si mantenemos los números de ventas brutos altos, tiene que quedar suficiente dinero neto para hacer que merezca la pena. Sin embargo, si haces un informe de beneficios y pérdidas de estos clientes problemáticos, uno que toma en cuenta todo el tiempo que inviertes en ir detrás de él y agradarle, verás que ganarás muy poco beneficio, o incluso nada de beneficio con ellos. De hecho, la mayoría de ellos resultarán ser una pérdida neta cuando tomas en cuenta el poco valor que traen, unido al tiempo y energía que se necesita para tratar con ellos.

Otra razón importante por el que tienes que despedir a clientes de poco valor es porque, aparte de agotar todos tus recursos financieros, provocan que pierdas oportunidades de verdad. Despedir a clientes problemáticos libera tiempo y recursos valiosos que se pueden usar para centrarte en crear valor con miembros de tu tribu existentes, al igual que buscar nuevos clientes. Con clientes tóxicos gastando todo tu tiempo y energía, los clientes de alto valor y respeto suelen ser los que sufren la falta de atención. No eches aceite a las ruedas malas, cámbialas.

Los miembros de tu tribu son las proverbiales "esposas," cuidando de las cosas en casa y haciendo que las cosas funcionen mientras que el marido está en clubs de strippers buscando amor en el sitio equivocado.

Tu tribu son los clientes que mantienen tus luces encendidas y que siguen contigo y te promocionan a pesar de que te centras en agradar a vampiros, intentas retener a los canceladores y desaprovechas tu tiempo y recursos con leopardos de nieve.

Despedir a los detractores te da el tiempo que necesitas para mostrarles más amor a los miembros de alto valor de tu tribu. Con hacer esto, creas lealtad y esto puede resultar en un incremento de valor de vida e ingresos sanos que pesa mucho más que la pérdida de ingresos contaminados.

Otro beneficio de despedir a clientes problemáticos es que puedes ser selectivo sin ser hipócrita. Manda un mensaje de que sólo tienes una cantidad limitada y que eres muy restrictivo a la hora de elegir con quien trabajas. Con suministros limitados, la gente tiene que jugar según tus reglas y pagar por ello.

Los negocios tienen que ser divertidos. Si permites que los clientes problemáticos quiten la diversión, entonces pierdes uno de los beneficios más grandes de tener tu propio negocio. Si ya no es divertido, ninguna cantidad de dinero puede compensar ser infeliz. Si ya no es divertido, puede que no lo estés haciendo bien. Dedica un tiempo periódico para revisar qué clientes están causando el mayor daño a tu empresa y luego dales las noticias que se merecen. Sentirás un gran alivio y tendrás energía renovada para centrarte en tus clientes de alto valor de tu tribu.

Mejor aún, puedes matar dos pájaros de un tiro si mandas a tus clientes problemáticos a tu competencia directa. Te liberarás de un problema, dándoselo a tu competencia.

Capítulo 8 Artículo de Acción:

¿Cómo Vas a Incrementar el Valor de Vida del Cliente? Rellena el cuadrado #8 de tu plantilla del Plan de Marketing de 1-página.

9

ORQUESTAR Y ESTIMULAR REFERIDOS

Capítulo 9 Resumen

Orquestar y estimular referidos es un proceso activo. Muchas empresas desean tener referidos pero no tienen un sistema deliberado para hacer que esto ocurra. Con implementar algunas tácticas simples, puedes hacer que el flujo de referidos sea una parte más fiable de tu proceso de marketing.

Los puntos que miraremos en este capítulo incluyen:

- Por qué depender del boca a boca es una estrategia perdida.
- Cómo pedir referidos sin parecer desesperado
- La "Ley de 250" y cómo está relacionado con conseguir un flujo continuo de referidos.
- La psicología detrás del marketing de referidos y como incitar a clientes existentes a querer darte referidos.
- Cómo crear un situación ganadora con negocios unidos.
- Cómo sacar un beneficio de referir tus clientes a otros.
- Lo que es realmente el "branding" y cómo crear patrimonio de marca en tu negocio.

Orquestar Y Estimular Referidos

No Dependas de Una Comida Gratis

C UANDO HABLO CON dueños de negocios sobre cómo hacen marketing, "boca a boca" suele ser la primera o única forma de marketing que usan. Esto antes me sorprendía, pero ahora lo espero. Cuando digo marketing de "boca a boca," me refiero al tipo pasivo donde esperas que, si haces un buen trabajo, la gente hablara bien de ti y llegarán más clientes.

Fíjate que el nombre de este capítulo no es "Siéntate y Espera a los Referidos." Se llama **"Orquestar** y **Estimular** Referidos." Esto implica que hacer que lleguen referidos requiere algo muy activo por tu parte. Aun así, muchos dueños de empresas ven a los referidos como algo que está fuera de su poder y algo que simplemente esperan que pase. Mientras que el marketing pasivo de boca en boca está genial, es una forma extremadamente lenta y poco fiable de crear una empresa. Suponiendo que haces todo bien, puedes tardar años, incluso décadas, para crear una empresa exitosa con sólo el boca a boca. Como vimos en el Capítulo 3, tener sólo una fuente de nuevos clientes es muy peligrosa, pero no ser capaz de controlar esa fuente es más peligroso aún.

El boca a boca es el equivalente empresarial de una comida gratis. Claro, está bien cuando llega y lo aprecias pero, ¿realmente quieres depender de eso para alimentarte a ti y a tu familia? Depender sólo del boca a boca pone el destino de tu empresa en manos de otros—esperando que les gustes y que se acuerden de ti lo suficiente como para mandarte nuevos clientes de forma regular.

Este es un camino muy peligroso. Si es parecido a lo que haces en tu negocio, va siendo hora de empezar a crear un sistema de marketing de referidos mejor. Necesitas orquestar y estimular activamente tus referidos, en vez de sólo esperar a que vengan solos.

Una parte clave de este problema parece ser que los dueños de negocios no quieren aparentar estar desesperados con buscar activamente sus referidos. Sienten que pedir referidos es como suplicar o pedir un favor—y, sin duda, ese no es el tipo de posicionamiento que quiero que tengas.

Es importante entender la psicología detrás del marketing de referidos antes de ver tácticas específicas. Piensa en la última vez que recomendaste un restaurante o una película a un amigo. ¿Lo hacías como favor al dueño del restaurante o al cine? Lo dudo. En todo caso, querías que tu amigo tuviera una experiencia buena. Lo recomendaste porque te hacía sentir y quedar bien. Ese es el mismo concepto que queremos usar en nuestro marketing de referidos, pero en vez de esperar que alguien nos descubra y luego nos recomiende, queremos orquestar y estimular el proceso. Lo queremos hacer más intencionado y fiable.

Pide y Recibirás

¿Recuerdas al mejor vendedor del mundo, Joe Girard, de quién hablamos en el Capítulo 5? Parte de la razón por lo que empezó a mandar cartas a su lista de clientes era por la "Ley de 250." Después de ir a un funeral católico, Joe miró el libro de visitas y contó la cantidad de personas que firmaban en cada funeral. Se dio cuenta que, de media, eran 250 personas. Más tarde, vendió un auto a un dueño de tanatorio y, después de la venta, le preguntó cuántas personas de media acudían a los funerales de su tanatorio. El hombre le contestó que alrededor de 250. En otra ocasión, Joe y su mujer fueron a una boda y preguntó al dueño del servicio de catering cuál era la cifra media de los invitados a una boda. "Más o menos 250 por parte de la novia y otros 250 por parte del novio." Fue la respuesta.

Ahí es cuando Joe se dio cuenta que la mayoría de personas tienen alrededor de 250 personas en su vida, que son lo suficientemente importantes como para invitar a una boda o un funeral.

De ahí, supuso que cada persona con quien hacía negocios representaba 250 referidos potenciales si hacía un buen trabajo, o 250 enemigos si hacía un mal trabajo. Así que se puso a crear relaciones en vez de pensar de manera transaccional y sólo vender autos. Una de las cosas que hacía era un seguimiento con nuevos clientes y les preguntaba qué tal iba su nuevo auto. Si iba bien, pedía un referido. Si iba mal, arreglaba el problema y pedía un referido.

Esto nos trae a **una de las mejores estrategias para conseguir lo que quieres en tu negocio y en la vida—sólo tienes que pedir.**

Mucha gente espera a ser descubiertos, a ser elegidos, a ser recomendados. Tú, sin embargo, eres un emprendedor, lo que significa que tienes que hacer que las cosas pasen por ti mismo. No puedes esperar a que pasen por ti. Con esto en cuenta, una de las mejores maneras de conseguir referidos es pedirlos a tus clientes a quienes has dado un buen servicio. Es increíble cuantos dueños de negocios quieren referidos pero pocos lo piden, algo tan sencillo como:

Sr. Cliente, ha sido un placer trabajar contigo. Si conoces a alguien que está en una situación similar a la tuya, nos encantaría darles una de nuestras tarjetas de regalo que les da un descuento de $100 en su primera visita con nosotros. Una de las razones por lo que podemos mantener el coste de nuestros servicio bajo es porque recibimos mucho de nuestro trabajo a través de recomendaciones de personas como tú.

Vamos a ver lo que pasa aquí:

- Les estamos agradeciendo su elección y apelando a su ego. A las personas les encanta el agradecimiento.
- No les estamos pidiendo un favor si no ofreciendo algo valioso que pueden dar a alguien que conocen.
- Les estamos dando una razón para recomendarnos—una razón que les beneficie de manera directa.

Con poner un sistema para generar referidos, incrementamos la fiabilidad del marketing de boca en boca de manera drástica. Y mientras que no todos te van a recomendar, muchos si lo harán, y eso es mucho mejor que simplemente esperar pasivamente.

Una de las cosas de las que puedes estar seguro es que tus clientes conocen a otras personas que son parecidos a ellos. Es la naturaleza humana atraer a personas con los mismos gustos, intereses y situaciones que nosotros.

Otra estrategia excelente es hacer saber durante la venta o durante el proceso de captación del cliente, que esperas que te recomienden como algo natural de hacer negocios contigo.

Sr. Cliente, voy a hacer un trabajo genial para ti, pero también necesito tu ayuda. La mayoría de nuestros nuevos clientes vienen a través de recomendaciones. Esto significa que, en vez de pagar publicidad para conseguir nuevos clientes, pasamos estos ahorros de costes a ti. De normal, recibimos tres referidos por cada cliente nuevo. Cuando hayamos terminado de hacer negocios juntos y estás al 100% satisfecho con el trabajo que hemos hecho, te agradecería mucho su pudieras tener en cuenta a tres personas o más a quienes también podemos ayudar.

Otra vez, vamos a ver lo que hemos hecho:

- Hacerles saber que van a recibir un resultado genial.
- Mostrarles un beneficio directo del que van a estar derivando por recomendarnos a sus amigos.
- Crear una expectativa de una cantidad de referidos (sin ser muy agresivos) para que pueden ir pensando sobre quien creen que son adecuados.
- Dejar el poder en sus manos, diciéndoles que su recomendación está sujeto a que nosotros hagamos un gran trabajo.

Depender de la buena fe de otros no es mi idea de ser un emprendedor. Con incrementar la fiabilidad del marketing del boca a boca, retomas el control de tu flujo de prospectos y creas unos cimientos sólidos para un crecimiento rápido.

Conquistar el Efecto Espectador

Pedir referidos es una cosa, pero la manera en el que lo pides puede tener un impacto drástico en la calidad de referidos que recibirás y la probabilidad de que los recibas de forma constante.

El efecto espectador es un fenómeno que ocurre cuando un grupo de personas se juntan alrededor de una emergencia o crimen y, esencialmente, lo tratan como un deporte que puedan ver.

Todas las personas en el grupo dan por hecho que otro va a intervenir, asistir o llamar a los servicios de emergencia. El resultado final es que la situación terrible empeora porque nadie tomó la iniciativa para ayudar.

¿Cómo puede cualquier persona decente ver a otro en problemas y no hacer nada para ayudar? El hecho es que es probable que tú hayas hecho algo similar, hasta cierto punto. ¿Alguna vez has reducido la velocidad cuando pasas cerca de un accidente mientras conduces por la autovía para ver lo que pasa para luego seguir tu camino dando por hecho que alguien les estará asistiendo? Eso es el efecto espectador. Ocurre debido a una falta de responsabilidad personal.

He asistido a eventos y reuniones empresariales durante los cuales los participantes se ponen de pie y dicen algo como, "Si sabes de alguien que necesita X servicio, puedes recomendarme." Así que, se pone el fontanero de pie y dice, "Si sabes de alguien que necesita un fontanero de calidad, por favor recomiéndame." Luego, se pone de pie el chico de servicio técnico y dice, "Si conoces a alguien que necesita actualizar su sistema de ordenador, puedes mandármelos." ¿Quién es ese "alguien"? Es alguien más. Esto es, por supuesto, el ingrediente perfecto para el efecto espectador, ya que se trata de recomendaciones. Todos dan por hecho que otra persona asistirá a la petición de un referido. El resultado es que nuestros amigos el fontanero y el chico de servicio técnico acaban sin referidos.

En la formación de primeros auxilios, te enseñan a dar instrucciones específicas a las personas de alrededor. Te enseñan a no decir "que alguien llame a una ambulancia" o "que alguien traiga un manta." Como ya hemos establecido, ese "alguien" es alguien más. En vez de eso, te enseñan a mirar a los ojos, señalar a una persona en concreto y dar instrucciones específicas. Señalas directamente al hombre del gorro verde y dices, "Tú, llama a una ambulancia." Señalas directamente a la mujer del jersey amarillo y dices, "Tú, trae una manta."

Ahora tienes personas específicas que tienen tareas específicas que tienen que hacer. El sentido de responsabilidad personal entra en juego y las posibilidades de que estas tareas se completan han subido de manera exponencial.

Lo mismo es cierto con las recomendaciones. Tienes que ser muy específico con tu petición de referidos; esto aumenta las posibilidades de que ocurra de forma significativa.

Para entender mejor la mecánica de como ocurren las recomendaciones, primero tenemos que entender que todos los referidos ocurren gracias a una conversación entre dos o más personas. Cuando estas conversaciones ocurren, tres cosas tienen que ocurrir para que alguien te recomiende:

1. Tienen que darse cuenta de que la conversación trata de lo que haces tú, sea lo que sea.
2. Tienen que pensar en ti.
3. Tienen que meterte en la conversación y, por último, hablar de ti a la persona con quien están hablando.

Por ejemplo, si eres un asesor financiero, no hagas una petición difusa como, "Si sabes de alguien que necesita hablar con un asesor financiero, puedes mandármelo a mí."

Primero, nadie necesita un asesor financiero; necesitan una solución a un problema específico que un asesor financiero puede solucionar. Por ejemplo, puede que se estén acercando a la jubilación y quieren asegurar que tendrán suficiente dinero para vivir cómodamente durante esos años de jubilación. Así que, empiezas con un problema específico que tiene un posible cliente y que puedes solucionar.

Luego, tienes que pensar en quien te va a dar ese referido. Así que empiezas a buscar en tu base de datos de clientes, y te fijas en que tienes varios agentes de inmobiliaria en tus listas. Es lógico suponer que alguien cerca de la edad de jubilación puede pensar en buscar una casa más pequeña. Quizás sus hijos han crecido y se han ido de casa, Así que están en una casa que es demasiado grande para ellos y hay demasiado mantenimiento.

Puede que estén pensando en vender y buscar algo más pequeño con menos mantenimiento.

Por último, quizás haya ocurrido algún evento local o nacional, y eso está empujando a las personas que están cerca de la edad de jubilación a pensar en jubilarse o directamente jubilarse. Quizás una empresa multinacional ha cerrado recientemente su factoría local, o ha habido un cambio en la legislación que afecta a las pensiones.

Ahora puedes especificar mucho más. Puede que mandes un email a los seis agentes de inmobiliaria que son clientes tuyos, diciendo:

Hola Bob,

Si tienes a alguien que quiere comprar o vender una propiedad o alguien cerca de la edad de jubilación que se ha quedado sin trabajo, tengo algo que puede que les ayude. He creado un informe especial que se titula, "Las 7 Claves para Sacar Ventaja de Tu Finiquito y Asegurar Una Jubilación Bien Pagada." Si sabes de alguien que podría sacar beneficio de esto, puedes llamarme o mandar un SMS, y te paso una copia del informe.

¿Ves lo que pasa aquí? Primero, estás siendo muy específico de a quién le estás pidiendo el referido y qué tipo de referido estás buscando. Segundo, estás entrando en una situación que es una provocación para alguien que necesita tus servicios.

Tercero, no estás pidiendo una recomendación fría, dónde el que hace la recomendación tiene que conseguir que su cliente te llame o darte los datos de su cliente. La razón por lo que no quieres hacer eso es porque aún no te has ganado la confianza del posible cliente. Puede que aún ni están listos para hablar contigo.

Por último, has creado una situación para que el que te recomienda, en este caso, el agente inmobiliario, quede bien. Están proporcionando valor a su cliente y ayudando a que solucionen un problema que puede que ya esté en sus pensamientos. ¿Ves cómo la recomendación ha sido **orquestada** en vez de esperar pasivamente?

Si vas enserio sobre generar referidos, busca en tu base de datos de clientes existentes constantemente y crea un perfil de referido para cada tipo de cliente.

¿A quién conocen? ¿Qué provocación les ayudará a acordarse de ti? ¿Cómo harás que ellos queden bien? ¿Cómo les ayudarás a proporcionar valor a la persona a quien quieres que te recomienden?

Una vez que empieces a contestar a estas preguntas y a crear perfiles de recomendación, puedes hacer que el marketing de referidos sea una fuente deliberada y sistemática de nuevos prospectos en vez de algo pasivo que ocurre de vez en cuando.

¿Quién Tiene A Tus Clientes Antes Que Tú?

Como dueños de negocios, a veces no nos vemos dentro de la imagen global del comportamiento de compra de nuestros clientes. Sólo vemos su interacción con nosotros y nos promocionamos para conseguir más interacciones con clientes.

Claro que no hay nada malo en esto. Pero cuando empezamos a mirar la imagen global, empezamos a descubrir beneficios que estaban escondidos. Es como encontrar un billete de $50 en una chaqueta que no te has puesto últimamente, ¡pero a una escala mucho más grande!

Las transacciones de tus clientes contigo es una de las muchas que hacen durante el día.

Antes de su transacción contigo, han hecho negocios con otra persona y, después de ti, harán negocios con otra más.

Estas transacciones pueden o no estar relacionadas, pero una cosa si es segura—alguien tuvo a tus clientes antes que tú y es probable que se gastaran una buena cantidad de dinero en ventas y marketing para conseguir ese cliente.

Encontrar empresas adicionales con quien trata tu cliente antes de tratar contigo te puede ayudar a descubrir beneficios escondidos para tu negocio. Llegar a un acuerdo de empresa conjunta (EC) con uno o más de estos negocios que no son una competencia directa puede ser una fuente de prospectos barata o incluso gratis.

Si eres abogado, un contable puede ser una muy buena fuente de prospectos. Si tienes un concesionario, un mecánico puede ser tu fuente de prospectos. Si vendes comida de mascotas, un veterinario puede ser tu fuente ideal para clientes nuevos.

Mientras que esto puede parecer obvio, rara vez se hace y pocas veces se hace bien.

Crear un acuerdo EC puede ser difícil. La ruta más obvia y directa es pagar una tasa o comisión de búsqueda para prospectos o ventas.

Sin embargo, algunos dueños de empresas pueden no sentirse cómodos recibiendo dinero a cambio de los prospectos que te mandan y, en algunas industrias, esto puede no ser legal. Mientras que es inteligente comprar prospectos de compradores "calientes," hay otras formas menos directas que funcionan igual de bien o incluso mejor.

Una estrategia alucinante implica crear una tarjeta de regalo o cupón de tus productos o servicios. Digamos, por ejemplo, que tu empresa es "El Mundo Mascota," proveedor de comida de mascotas. Puedes llegar a un acuerdo con tu veterinario local. Descubre qué tipo de comida recomienda este veterinario a sus clientes, luego crea un cupón o tarjeta de regalo que puede dar a sus clientes.

Lo bueno de esto es que trabaja con la buena fe de las personas, sin presión de ventas, sin conflicto de intereses. El veterinario diría algo como, "Yo recomiendo la comida de perro XYZ. Lo puedes comprar en muchas tiendas de mascotas, pero eres un buen cliente, así que aquí tienes un cupón de $50 que puedes usar en El Mundo Mascota, qué está cerca de aquí. Ellos siempre tienen la comida XYZ en la tienda."

Todos ganan. El veterinario crea una buena relación con su cliente porque, básicamente, le ha dado $50 gratis. El cliente recibe un descuento inesperado. Tú, el dueño de El Mundo Mascota, consigues un cliente nuevo quien tiene un valor de vida potencialmente alto a cambio de un cupón de $50 (y un coste mayorista mucho más bajo). También recibes mucho de la buena relación que el cliente ya tiene con su veterinario.

También es cierto que no todos los clientes van a usar el cupón o tarjeta regalo, pero la gran mayoría sí. Sienten que tiran dinero a la basura si tiran algo con valor monetario. Digamos que calculas de forma conservadora que el valor de vida media de un nuevo cliente a tu tienda de mascotas es de $5.000.

Has regalado parte del beneficio de una venta que nunca hubieras tenido. ¡Increíble!

Si le damos la vuelta, tienes que mirar para ver quien tiene o quiere tus clientes cuando tú has acabado con ellos. Esto se puede convertir en unos ingresos secundarios muy buenos, mientras que incrementas el valor que ofreces a tu cliente. Aquí tienes unas formas de monetizar tu base de clientes existentes de esta manera:

- **Vender los prospectos:** seguramente hay alguien en un negocio complementario y no de competencia que estaría dispuesto a pagar mucho dinero para prospectos calientes y de calidad. Una advertencia, asegúrate de tener el permiso de tus clientes para usar sus datos.
- **Intercambiar los prospectos:** si no quieres, o si no es apropiado aceptar dinero por los prospectos, puedes crear un programa de intercambio con alguien de un negocio complementario. Ellos te mandan sus clientes y tú les mandas los tuyos. La misma advertencia sirve aquí que vendiendo prospectos. Nunca des los datos de tus clientes sin su permiso.
- **Revender productos o servicios complementarios:** puedes comprar productos o servicios complementarios al por mayor o de marca blanca y revenderlos a tus clientes. El beneficio de este modelo es que mantienes el control total de la relación y nunca revelas los datos de tus clientes a una tercera persona.
- **Ser un afiliado de referidos:** esto es parecido al modelo de vender prospectos, excepto que, en vez de recibir un pago por prospecto, recibes una comisión de las ventas hechas por la tercera persona a quien recomiendas. Esto puede ser muy beneficioso, especialmente en casos en los que recibes comisión por ventas futuras. Recomienda una vez y recibe un pago de por vida (o por lo menos mucho tiempo). Muchas personas en industrias como aseguradoras, telecomunicaciones y finanzas han creado negocios de mucho beneficio usando este modelo.

Mira quien tiene tus clientes antes y después que tú y descubre formas de crear valor en ambas direcciones. Esto puede ser una fuente importante de nuevos clientes y nuevos ingresos para tu negocio.

Hay mucha confusión, especialmente entre empresas pequeñas, sobre lo que es una marca. Una búsqueda en internet nos da las siguientes respuestas:

- Es una relación emocional y psicológica que tienes con tus clientes.
- Es un tipo de producto creado por una empresa específica con un nombre específico.
- Es el nombre, término, diseño, símbolo o cualquier otra característica que identifica un producto de un vendedor y lo diferencia de otros.
- Es la idea o imagen de un producto o servicio específico con el que conectan los consumidores, con identificar el nombre, logo, slogan o diseño de la empresa dueña de esta idea o imagen.

Todas estas son respuestas parciales. Me gusta eliminar las partes banales y quedarme con lo simple. Así que, esta es mi definición: una marca es la personalidad de una empresa. De hecho, puedes usar la palabra muy bien conocida "personalidad" como un sustituto directo de "marca." Esto aclara el significado de forma instantánea.

Piensa en tu negocio como una persona. ¿Qué atributos conforman su personalidad?

- ¿Cuál es su nombre?
- ¿Qué ropa lleva? (el diseño)
- ¿Cómo se comunica? (posicionamiento)
- ¿Cuáles son sus valores principales y qué representa? (promesa de marca)
- ¿Con quién se asocia? (mercado objetivo)
- ¿Es muy conocido? (conocimiento de marca)

Esta personalidad varía drásticamente entre negocios. Toyota y Rolls-Royce producen el mismo producto funcional, pero sus repuestas a las preguntas de arriba varían mucho.

Algunas empresas pequeñas miran las campañas publicitarias de marcas conocidas como Apple, Coca-Cola, etc. y piensan que ellos también necesitan gastar tiempo, dinero y esfuerzo en crear "conocimiento de marca." Eso es vender la leche antes de ordeñar la vaca. Deja que te pregunte algo: ¿qué vino antes, las ventas o el conocimiento de marca? Las ventas, claro. Es verdad que, conforme crezca la empresa, el conocimiento de marca trae ventas. Pero, no mires lo que hacen ahora que ya son grandes. Mira lo que hicieron para hacerse grandes.

Cuando eran pequeños, no se gastaban enormes cantidades de dinero en publicidad llamativa y conocimiento de marca. Trabajaban, cerraban acuerdos y vendían sus productos. Si Apple y Coca-Cola no se hubieran centrado en las ventas al principio, no existirían hoy día y no tendríamos conocimiento de ellos.

Por eso les digo a los dueños de negocios pequeños que la mejor forma de crear su marca es vendiendo. Si una marca es la personalidad de la empresa, no hay mejor forma de que alguien entienda esa personalidad que comprar en tu negocio.

Como vimos al principio de este libro, intentar copiar las prácticas de marketing de las grandes empresas es un gran error.

Cuando todo esté dicho y hecho, branding es algo que haces **después** de que alguien ha comprado en vez de algo que haces para empujarles a comprar. De la misma manera que notas la personalidad de alguien después de haber tratado con ellos, eso es igual para tu negocio y su personalidad o marca.

El valor de marca es el fondo de comercio que crees y que empuja a la gente a hacer negocios contigo en vez de con tu competencia. Una vez, escuche al valor de marca ser descrita como clientes cruzando una calle para comprar en tu negocio aunque hay un proveedor de un producto igual en su lado de la carretera.

Las cosas de tu negocio que hacen que los clientes "crucen la calle", de forma literal o figurada, para comprar en tu negocio es tu valor de marca. Esto se puede manifestar con la forma de lealtad de cliente, ventas repetidas o incluso un precio alto que puedes cobrar por tu producto o servicio. Más importante, es la clave para estimular el círculo virtuoso de referidos.

Para mí, nada define esto mejor que ver la cantidad de personas haciendo cola para comprar el nuevo aparato de Apple mientras que su competencia tiene muchos productos y poca demanda.

Este tipo de valor de marca viene de clientes que han tenido experiencias pasadas muy buenas, lo que convierte a estos clientes en seguidores fieles. Esto es algo que, simplemente, no se puede comprar con campañas desorbitadas de "conocimiento de marca." Nadie de Apple tiene que pedirte que les recomiendes a tus amigos. Simplemente lo haces debido al valor de marca tan increíble que tienen.

Como negocio pequeño, la mejor manera para copiar esto es centrarte en las ventas y convertir a tus clientes en una tribu de seguidores fieles. Este es el consejo que doy a cualquier empresa pequeña o mediana que quiere trabajar con su marca.

Capítulo 9 Artículo de Acción:

¿Cómo Vas a Orquestar y Estimular Referidos?
Rellena el cuadro #9 de tu plantilla del Plan de Marketing de 1-página.

Conclusión

Una Vista Panorámica de lo Que Hemos Hablado

HEMOS VISTO MUCHAS cosas en nuestro viaje a través de los nueve cuadros que componen el Plan de Marketing de 1-Página. En este punto, es bueno dar un paso hacia atrás y mirar un resumen visual y de alto nivel de ciclo de vida del marketing de respuesta directa.

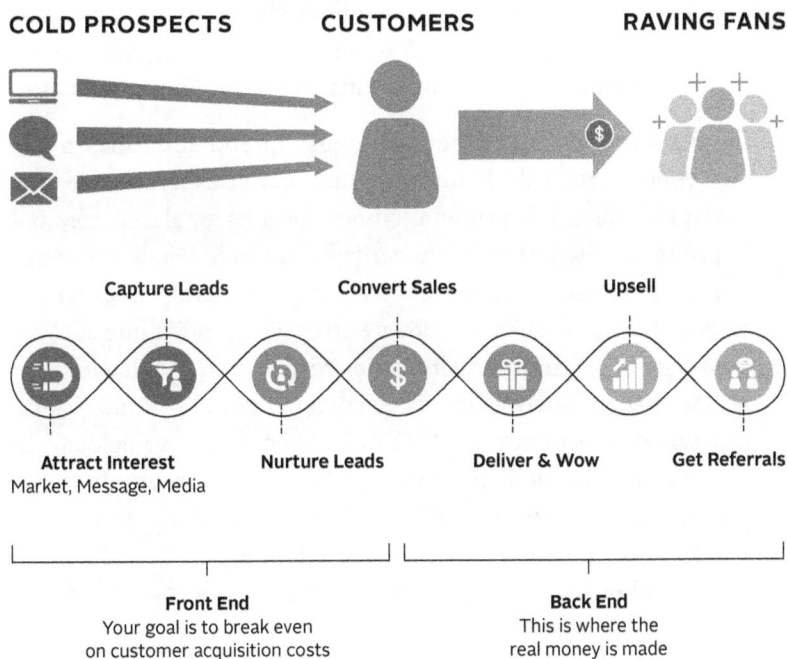

COLD PROSPECTS   **CUSTOMERS**   **RAVING FANS**

Capture Leads   Convert Sales   Upsell

Attract Interest   **Nurture Leads**   **Deliver & Wow**   **Get Referrals**
Market, Message, Media

Front End
Your goal is to break even
on customer acquisition costs

Back End
This is where the
real money is made

Para descargar tu copia del Ciclo de Vida del Marketing de Respuesta Directa, visita 1pmp.com

Esto, junto a tu implementación personal del Plan de Marketing de 1-Página, te dará unos cimientos sólidos para el éxito de marketing en tu negocio.

Como mencioné en la sección de agradecimientos, muy pocas ideas que he usado en este libro son mías La mayoría son estrategias, tácticas y conceptos demostrados, sacados de décadas de pruebas y mediciones de maestros del marketing de respuesta directa. Sin embargo, el Plan de Marketing de 1-Página es un avance de la **implementación.** Está diseñado para simplificar la comprensión del marketing de respuesta directa y hacer que la implementación de éste en tu negocio vaya más rápida. Recuerda, se trata de la implementación. Repito—**saber y no hacer es igual que no saber.** Necesitas cometer errores, arriesgar parecer idiota e invertir en ti y en tu negocio. En mi experiencia, he descubierto que los emprendedores fracasan con la implementación por una de las siguientes razones:

1. **Parálisis por análisis:** intentan seguir aprendiendo más o acaban yendo detrás de la última moda con la esperanza de que harán todo bien a la primera. Nunca vas a hacer algo perfecto a la primera. Sólo aprendes de verdad cuando lo haces. No dejes que el perfeccionismo se convierta en una fuente de procrastinación. Recuerda el 80% hecho y entregado es mejor que el 100% guardado. Los emprendedores de éxito tienen inclinación a la acción, hacen las cosas rápidas y corrigen por el camino. Como dijo uno de mis mentores, "Al dinero le encanta la velocidad." El mejor momento de plantar un árbol es ayer. El segundo mejor momento para plantar un árbol es hoy. Si has estado retrasando crear e implementar un sistema de marketing para tu negocio, ya va siendo hora de plantar ese árbol y empezar a recoger los frutos de tu trabajo en el futuro.

2. **Inhabilidad de delegar:** como vimos en el Capítulo 5, los negocios son un deporte de equipo. No sé de ningún emprendedor de éxito que no tenga un equipo tras él. Sólo tienes 24 horas en el día, así que la única forma de conseguir más en un día es usar el tiempo de más personas. Y más importante que el tiempo de otras personas son las especialidades de otras personas. Esto puede reducir tu tiempo de aprendizaje en años, comparado con el ensayo y error. Lo que no sabes te hará daño. Contratar a especialistas te ahorrará tiempo, dinero y mucha frustración. La habilidad de conseguir que personas independientes y, a veces difíciles, vayan todos en la misma dirección y trabajen para tu causa es una habilidad que tienes que dominar. Esto es lo que el difunto Jim Rohn llamaba "arrear a gatos" y no hay casi nada que te pague más que dominar esta habilidad.

3. **"Mi negocio es diferente":** casi todos los problemas concebibles que has encontrado o que te vas a encontrar han sido resueltos por alguien en algún momento. Muchas de las soluciones a tus problemas de marketing están en este libro. Algunos dueños de empresas piensan, erróneamente, que "Mi empresa es diferente, esto no funcionará para mí" o "Mis clientes son diferentes, nunca responderán a algo así." Las estrategias y tácticas en este libro han sido probadas y demostradas durante muchas décadas. Han funcionado en casi todas las categorías y tipos de negocio que podrías imaginar, desde oficios a consultorías a servicios médicos y mucho, mucho más. La razón por lo que las mismas cosas funcionan en diferentes tipos de trabajo es que estás tratando con humanos—grandes sacos de emociones. Eso no cambia ni con el tiempo ni con la industria. Las personas se comportan de una manera sorprendentemente predecible, que es la razón por lo que sé que estos principios de respuesta directa **funcionarán** con tu negocio. No hay ninguna ventaja en intentar descubrir por qué estas cosas no te funcionarán. Es mejor usar ese esfuerzo para averiguar cómo hacer que funcione.

El Tiempo No Es Dinero

Como emprendedores, solo nos pagan por traer valor al mercado—no por tiempo. Claro que, lleva tiempo entregar valor, pero sólo nos pagan por el valor. Si entregamos mucho valor al mercado, nos pagan mucho dinero.

Si fracasamos, tenemos perdidas. Eso es un riesgo que no muchos quieren tomar. La mayoría quieren que le paguen por su tiempo—trabajar una hora, cobrar una hora. Quieren evitar las pérdidas a toda costa. Tener ganancias está bien, pero su objetivo real es evitar el dolor. No hay nada malo en eso, pero son dos tipos de pensamientos completamente diferentes. Dicho de manera simple, los emprendedores trabajan en la **economía de resultados**, mientras que la mayoría de personas trabajan en la **economía de tiempo y esfuerzo.**

El dinero que ganamos como emprendedores es un efecto automático de crear valor. Si nos centramos en traer valor al mercado, evitaremos cometer un montón de errores estúpidos. Trataremos a los clientes con un pensamiento a largo plazo en vez de forma transaccional o para ganar dinero rápido. Los productos que creamos o los servicios que ofrecemos no estarán hechos a medias. Centrarnos en la causa (valor) en vez del efecto (ganar dinero) nos llevará a más éxito a largo plazo.

La mayoría de este libro se ha centrado en conseguir, retener y satisfacer a clientes con marketing efectivo. Estas son las tareas que crean más valor en tu negocio y ayudan a un crecimiento rápido. Todo lo demás son cosas generales.

Mientras más valor creamos con conseguir, retener y satisfacer a un cliente, más nos pagan. Por desgracia, muchos dueños de negocios se distraen "jugando a las empresas." Jugar a las empresas es cuando haces actividades secundarias que no crean mucho valor. Algunos ejemplos de jugar a los negocios serían mirar constantemente el email y reuniones largas que no tienen ni sentido ni agenda.

En vez de jugar a los negocios, tienes que **hacer negocios.** Ganar en los negocios requiere que te centres en las actividades que traen valor. Tienes que librar una batalla diaria contra las distracciones, interrupciones y procrastinación. Si te permites distraerte del trabajo de valor de conseguir, retener y satisfacer a tus clientes, tu negocio irá mal o fracasará. Siempre hay cosas que hacer que parecen más divertidas o urgentes. Racionalizamos con jugar a los negocios, pero en realidad solo hay algunas actividades de crear valor que necesitas hacer diariamente—siendo el marketing la principal. Es importante entender que el marketing no es un evento, sino un proceso.

Es algo que haces a diario para crear mucho valor en tu empresa y entregar mucho valor a tus clientes.

Cómo ves el tiempo afecta a todo lo que haces en tu negocio. Para un emprendedor, el tiempo **no** es dinero. El valor es dinero. El tiempo es solo una de las cosas necesaria para entregar valor al mercado. Haz del marketing un proceso diario. Crea tu propio Plan de Marketing de 1-Página y, más importante, **implementa** este plan. Pasa tiempo a diario **haciendo** negocios y creando valor.

Aunque La Mona de Vista de Seda...

Una enorme cantidad de tu éxito depende del vehículo que eliges. Algunas empresas son como los Ferrari y añadir marketing solo acelera su éxito, mientras que otras empresas son como autos viejos y añadir marketing a ellos es como vestir a la mona de seda.

En una era en la que las nuevas tecnologías están alterando a industrias que han existido durante décadas o siglos, es buena idea evaluar continuamente si tú negocio o industria está en la etapa de amanecer o atardecer. Los buenos momentos no duran para siempre. Si no, pregúntales a las librerías, tiendas de música o gigantes de medios publicitarios tradicionales.

Alrededor del año 1900 había unos 100.000 caballos en Nueva York. Londres, en 1900, tenía 11.000 cabriolés, todos a caballo. También había varios miles de ómnibus, que necesitaban 12 caballos por día, con un total de más de 50.000 caballos. A parte de eso, había incontables carruajes, carretas y carros, todos trabajando constantemente para entregar los bienes de la población creciente de esas ciudades. Todo el transporte, tanto para mercancías y personas, era tirado por caballos.

Si tenías un negocio relacionado con los caballos, tu negocio estaba en auge. Desde limpiar las boñigas de los caballos a cuidar, dar de comer y dar cobijo a la población creciente de animales.

Adelantemos unos años en el futuro, a la era de la electricidad y el desarrollo del motor de combustión interna. Esto trajo nuevas formas de desplazar a las personas y mercancías. Para el año 1912, había más autos en Nueva York que caballos y en 1917, el último carruaje de la ciudad cerró su negocio.

Así que, en doce años, tu negocio ha ido de estar en la cima del mundo a perder más de la mitad de sus ingresos. Cinco años más tarde, te quedas sin negocio y todo tu conocimiento, conexiones de industria y habilidades se quedan obsoletas. No anticiparte a cómo la tecnología puede afectar a tu negocio o industria, y no tomar la acción adecuada, puede ser letal para tu negocio.

Kodak inventó la fotografía digital, pero, a pesar de esto, no pudieron o no usaron este prospecto temprano para su ventaja. Dejaron a otras empresas de la competencia hacerlo. Borders por fin entró en el mundo de los ebooks, pero era demasiado tarde y, por consiguiente también lo pagaron caro. Cuando el hombre que tenía su empresa de caballos en auge en 1900 empezó a ver los nuevos autos aparecer, puede que se riese para sus adentros y pensase que ese tipo de transporte sólo era una moda. Después de todo, los caballos se habían usado como medio de transporte durante miles de años.

Luego, unos años más tarde, cuando más y más de sus ingresos estaban siendo devastados por la nueva tecnología, puede que empezase a echar de menos aquellos buenos años, cuando las cosas iban bien. Puede que incluso se hubiera enfadado por lo que estaba ocurriendo y esperaba que el gobierno hiciera algo. ¿Ves algo similar con lo que ocurre hoy día?

Varias industrias, incluyendo la producción, medios de comunicación y tiendas físicas, están en crisis o a punto de entrar en ella. La globalización, internet y las nuevas tecnologías les está dañando—mucho. Se están quejando y llorando sobre el estado de las cosas, pidiendo que el gobierno intervenga y deseando que vuelvan los buenos tiempos. Pero los buenos tiempos no van a volver—al menos no para ellos.

¿Por qué no aceptan las nuevas tecnologías y empiezan a usarlas? Algunos lo harán, pero la mayoría no—porque tienen la misma forma de pensar que un pavo.

Nassim Taleb, autor bestseller de Cisne Negro, cuenta la historia de un pavo a quien el granjero le da de comer durante 1.000 días. Al final, el pavo llega a pensar que cada visita del buen granjero significa más comida. Ya que eso es lo que ha pasado siempre, y el pavo piensa que es lo único que puede pasar.

De hecho, es durante el día número 1.000 cuando tiene más confianza. Después de todo, ha tenido 1.000 días en los cuáles basar esa confianza. Con un record como ese, ¿qué podría salir mal? Pero luego llega el día 1.001. Dos días antes de Acción de Gracias, y cuando aparece el granjero, esta vez no trae comida, sino un hacha muy afilada. El pavo aprende muy rápido que sus expectativas están completamente equivocadas—que los buenos tiempos no iban a durar para siempre. Y ahora, el Señor Pavo está muerto.

No seas un pavo y no lleves tu negocio cómo uno. En tiempos pasados, casi todo el valor de un negocio estaba en sus bienes físicos. Las cosas como la inmobiliaria, plantas y herramientas, infraestructuras de inventario y distribución. Hoy día, casi todo el valor de una empresa está en los ojos de quien lo ve y la base de clientela que ha conseguido.

Mira lo que ocurre hoy día y el papel principal que juega el adquirir clientes a través del marketing efectivo:

- Uber, la empresa más grande de taxis, no tiene vehículos.
- Meta (anteriormente Facebook), propietaria de algunas de las mayores propiedades mediáticas del mundo, no crea contenido.
- Amazon, uno de los minoristas más valiosos del mundo, posee casi ningún inventario.
- Airbnb, el proveedor más grande de alojamiento, no tiene inmuebles.

Sólo estas empresas valen trillones de dólares. Tu ventaja definitiva de competencia es anticipar el cambio y tomar las medidas necesarias. Vas a necesitar coraje; tendrás que arriesgarte y tendrás que invertir en investigación y nuevas tecnologías. Tienes que preguntarte estas preguntas constantemente:

- ¿En qué negocio tengo que estar?
- ¿Qué tecnologías van a llegar que van a alterar mi industria?
- ¿Cómo puedo aprovechar estos cambios de tecnología en vez de luchar contra ellos?

Necesitas innovación estratégica constante—la innovación que les importa a tus clientes.

Los proyectos de Skunkworks son una de las mejores formas de estar al tanto de las tecnologías emergentes mientras sigues llevando tu negocio actual. Un ejemplo famoso de los proyectos Skunkworks es el primer ordenador Macintosh de Apple. Google hizo famosos los proyectos de skunkworks como parte de la cultura de su empresa al asignar el 20% del tiempo de los empleados a proyectos secundarios que les interesen. Productos de Google de muchísimo éxito, como Gmail, Google Maps y Noticias Google han salido de esos proyectos de Skunkworks.

¿En qué recursos estás invirtiendo en tecnologías y modas emergentes en tu industria?

El día 1.001 está llegando para tu negocio y tu industria, y si no estás listo con un plan nuevo, tu empresa puede sufrir el mismo destino que el pavo.

Tener una cultura de innovación, anticipándote a lo que está por venir en tu industria y llevar proyectos de Skunkworks en tu negocio, te dará una ventaja enorme sobre tu competencia.

Tu Transición desde Dueño de Empresa a Comerciante

La famosa definición de la locura de Einstein, "hacer la misma cosas una y otra vez y esperar resultados diferentes," es bastante conocida pero pocos actúan sobre ello.

Al principio de cada año nuevo, las personas hacen promesas de año nuevo. Los típicos son perder peso, dejar de fumar y salir de deudas. Desean que las cosas se vayan a solucionar por arte de magia una vez que la aguja del reloj llegue a las doce en punto. Cuando llega la segunda o tercera semana del año nuevo, sus promesas se han convertido en un recuerdo distante en cuánto vuelven a la rutina, viejos hábitos y a su día a día.

Las resoluciones son los primos de los deseos—no son nada más que objetivos que no tienen ningún plan ni acción. Si no se cambia nada en tu rutina diaria, las probabilidades que cambies algo en tu vida empresarial o personal son casi nulas.

Una de las cosas que tienen en común las empresas de alto crecimiento es que se centran mucho en el marketing. Hacen que el marketing sea una rutina en su empresa y ejecutan su plan de marketing continuamente.

Por el contrario, las empresas fracasadas o en apuros ignoran el marketing completamente o hacen actos aleatorios de marketing sin ningún tipo de plan o estructuras. Intentan tácticas aleatorias una o dos veces y luego lo abandonan cuando no ven un éxito inmediato. Eso no es un plan de marketing—es una receta para el desastre.

Otros creen, erróneamente, que con tener un buen producto o servicio, es suficiente "darse a conocer." Los cementerios de empresas fracasadas están repletos de productos o servicios excelentes. Pero la mayoría, fracasaron porque los que llevaban la empresa no prestaron suficiente atención al marketing. Recuerda, **nadie sabe lo bueno que es tu producto o servicio hasta después de la venta. Antes de comprar, sólo saben lo bueno que es tu marketing.** Simplemente, **el que gana siempre es el que hace el mejor marketing.**

Si vas enserio sobre el éxito de tu empresa, ya es hora de emprender acciones decisivas. Es hora de decidir convertirte en un gran comerciante y transformarte desde el dueño de un negocio a un comerciante que lleva un negocio. Una vez que hayas completado esa transformación emocionante, tú y tu negocio no volverán a ser los mismos.

Yo creo que este libro es un avance en la implementación del marketing porque hace que crear e implementar tu propio plan de marketing sea fácil. Te puede ayudar a empezar o acelerar tu camino desde dueño de negocio a comerciante.

El marketing es la habilidad maestra de los negocios. Te ayuda a convertir tu empresa actual en un éxito y, más importante, te ayudará a hacer que otras empresas o proyectos en las que puedas estar en el futuro también sean un éxito.

Durante este libro, has recibido mucha información de muchísimo valor. Es información que la mayoría de tu competencia no va a tener ni buscar. Eso te pone en una ventaja enorme—si lo usas. Yo te animo a que lo uses. Como dije al principio de este libro, **saber y no hacer es lo mismo que no saber.** Si sigues haciendo lo que has hecho siempre, seguirás obteniendo los mismos resultados que has tenido siempre.

Crear una empresa con éxito te permite vivir la vida que quieres. Te mereces el éxito empresarial, y está a tu alcance. Te invito a un viaje de crear la empresa y vida extraordinaria que siempre has querido.

Sobre El Autor

¡Hola! Gracias por leer.

Este es el momento en el que se supone que debo decirte lo increíble que soy. Normalmente esto se escribe en tercera persona, lo cual es un poco extraño, así que no lo haré.

Creo que las personas leen las páginas "acerca de" y las biografías de los autores por dos razones principales. Quieren saber: "¿Es esta persona creíble?" y "¿Qué pueden hacer por mí?" Con eso en mente, aquí hay algunas cosas empresariales de las que estoy orgulloso:

- He vendido muchos libros. Estoy en el 0.01% superior de autores de no ficción.
- Mis libros tienen mucho alcance. Han sido traducidos a 32 idiomas e han impactado a millones de emprendedores en todo el mundo.
- He fundado, escalado y vendido con éxito múltiples empresas de alto crecimiento en diversas industrias, incluyendo tecnología de la información, telecomunicaciones y marketing.
- He hablado con miles de personas en eventos y conferencias increíbles.

- He ganado mucho dinero en el camino. Sé que el dinero no compra la felicidad, pero al haber crecido en la pobreza, te puedo decir que ser rico es mucho mejor.
- Trabajo horas razonables. Mi negocio y trabajo apoyan mi estilo de vida, salud y relaciones en lugar de ser perjudiciales para ellos.

Esto es lo que puedo hacer por ti:

- Te daré un marco claro, simple y estructurado para el éxito en marketing.
- Te ayudaré a ti y a tu equipo a desarrollar habilidades, infraestructura y capacidades de marketing.
- Te ayudaré a aumentar los ingresos y las ganancias de tu negocio.
- Te ayudaré a aumentar el valor de tu negocio y a crear un activo que sea vendible, en caso de que alguna vez decidas salir.
- Te ayudaré a construir el tipo de negocio que te permita vivir la vida a tu manera.
- Haremos todo lo anterior de una manera divertida.

Puedes obtener más información sobre mis programas en LeanMarketing.com

Puedes contactarme en allan@LeanMarketing.com

www.ingramcontent.com/pod-product-compliance
Lightning Source LLC
Chambersburg PA
CBHW021924190326
41519CB00009B/894